복음은 쉽고 능력은 크다

KB190167

이 소중한 책을

특별히 _____님께

드립니다.

복음은 쉽고
능력은 크다

정원기 목사 지음

나침반

"믿음의 시험하고 확증하라"와 "출애굽(출세상)하셨나요?"라는 책을 읽으신 분들이 '복음을 알아듣기 쉽게 잘 풀어주었다'라고 해 많이 기뻤습니다.

우리는 성경을 통해 "예수가 그리스도라는 것!"을 꼭 알아야 합니다. 하나님께서는 성경을 기록한 목적을 요한복음 20장 31절에 밝혀 놓으셨습니다.

"오직 이것을 기록함은 너희로 예수께서 하나님의 아들 그리스도이
심을 믿게 하려 함이요 또 너희로 믿고 그 이름을 힘입어 생명을 얻
게 하려 함이니라"

그렇다면 우리는 성경을 통해 예수가 그리스도라는 것을 깨달아 알기만 해서는 안 됩니다. "예수가 그리스도라는 것을 믿으라"(요 6:29)는 말씀에 순종해야 합니다. 그리하면 그 이름(예수)을 힘입어 생명을 얻고, 그 어디서나 천국을 누리게 되는 엄청난 복을 받기 때문입니다.

예수님이 누군지에 대해 성경을 통해서도 알 수 있지만 찬송가 96장을 펴보면 한눈에 볼 수 있는데 여기에 적어보겠습니다.

"예수님은 ① 우는 자의 위로 ② 없는 자의 풍성 ③ 천한 자의 높음 ④ 잡힌 자의 놓임 ⑤ 우리 기쁨 ⑥ 약한 자의 강함 ⑦ 눈먼 자의 빛 ⑧ 병든 자의 고침 ⑨ 죽은 자의 부활 ⑩ 우리 생명 ⑪ 추한 자의 정함 ⑫ 죽을 자의 생명 ⑬ 죄인들의 중보 ⑭ 멸망 자의 구원 ⑮ 우리 평화 ⑯ 온 교회의 머리 ⑰ 만국 인의 구주 ⑱ 모든 왕의

왕 ⑲ 심판하실 주님 ⑳ 우리 영광"으로 총 스무 가지입니다.

노랫말이 아닌 글로 예수님이 누구신지를 얘기하자면 계속해서 표현할 수 있겠죠. 즉 예수님은 우리의 산성, 우리의 바위, 우리의 피난처(도피처), 우리의 반석, 우리의 요새, 우리의 목자, 우리의 주인, 우리의 제사장, 우리의 선지자, 우리의 길, 우리의 안전지대, 우리의 하나님, 우리 인생의 모든 문제 해결자 등등으로 이렇게 나열하다 보면 종이가 모자랄 것입니다.

그러므로 이렇게 말할수 있는것입니다.

"예수님은 내(우리)가 해결하고자 하는 죄와 마귀와 죽음 문제를 비롯한 인생의 모든 문제의 답 그 자체요, 내(우리)가 얻고자 하는 영원한 생명은 물론 천국을 비롯한 하나님의 모든 보화 그 자체라고 말입니다. 예수님이 그런 엄청난 분이시기에 예수님을 한마디로 그리스도라고 합니다."

이 책 속의 글들은 영혼을 깨워주고 영혼의 체질을 개선 시키기 위한 글들입니다. '내 영혼의 체질 개선제'라고 생각하고 읽기 바랍니다. 육적인 체질 개선도 해야지만 그보다 더 시급하고 중요한 것이 영적인 체질을 개선하는 일입니다. 이 책을 계속 읽다 보면 어느 날 체질 개선이 되어 있는 자기 자신을 발견하게 될 것입니다. 샬롬!

정원기 목사

●차례

1부

1 할 수 있는 정도가 아니라 되고도 남는다————11
2 마음이 콩밭에 있다————17
3 복음은 쉽고 능력은 크다————21
4 원님 덕에 나팔 분다————28
5 떡 본 김에 제사 지낸다————31
6 간에 기별도 안 간다————34
7 배보다 배꼽이 더 크다————38
8 남자를 죽인 여자————42
9 시골에 살고 있지만 시골일과 상관없는 사람————47
10 마귀의 전술에 말려들지 않는 방법————52
11 원위치————56
12 사람들이 왜 복음에 순종하지 않으려고 하는가?————62
13 가시나무————65
14 영적 체질 개선을 빨리 하고 싶으면…————68
15 십자가————78
16 홧김에…————83
17 자유————87
18 내 것이 세계적인 것이다————93
19 다윗 왕의 반지————96
20 로자 파크스의 작은 일이 큰 변화를 가져왔듯이————102

2부

21 고구마 식사(내 영혼의 고구마)————111
22 헝클어진 실타래————117
23 천일의 약속이 아닌 영원한 약속————123
24 캐스팅————128
25 엄마 뱃속(선악과 사건이 터진 동네)에서 나와야————133
26 답을 아는 자, 모든 것을 가진 자의 여유————139
27 큰 의사가 되는 방법————145
28 답을 챙겼으면 그 답을 써내면 된다————149
29 복음이란 이런 것이다————153
30 꽃이 진 후에야 봄인 줄 알았습니다————159

31 맹모 삼천지교(2) ————————— 163

32 연주활동을 하되 음악에 대해 알고 하는 것이 ——— 168

33 해를 품은 달 ——————————————— 174

34 위대한 탄생 ——————————————— 180

35 지고는 못 산다 ————————————— 185

36 치토스 ——————————————————— 191

37 신사동 사람 ——————————————— 196

38 우리의 피난처는 지하벙커가 아닌 오직 예수! ——— 201

39 펑크 난 인생 —————————————— 205

40 문제가 생기면 하나님을 찾는 인간 —————— 208

3부

41 확, 깬다! —————————————————— 215

42 자나 깨나 불조심 ——————————— 219

43 그대여! 배고픈 자는 돼도 머리 고픈 자는 되지 말라! — 224

44 죽방렴에 갇힌 멸치, 전어, 갈치들 ——————— 231

45 복음에 순종하는 사람만큼 행복한 사람은 없다 ——— 237

46 도화지의 그림 ————————————— 243

47 수학여행 1 ——————————————— 247

48 수학여행 2 ——————————————— 250

49 수학여행 3 ——————————————— 254

50 이제 만나러 갑니다 ————————————— 257

복음은 쉽고, 능력은 크다

-1부-

1

할 수 있는 정도가 아니라 되고도 남는다

'할 수 있는 정도가 아니라 되고도 남는다'는 생각(말)을 가지고 살면 그 말대로 되고도 남는 역사(하나님께서 행하셔서 되는 일)가 일어날 텐데 사람들이 하면 된다는 생각을 하면 되는데 안 된다는 생각부터 먼저 하고 살기 때문에 안 되는 것입니다.

사람들은 왜 안 된다는 생각, 부정적인 생각부터 먼저 할까요?

왜 열등감, 패배의식에 사로잡혀 살까요? 그것은 선악과 사건 (마귀에 의한 인간의 오리지널 죄, 창 3:1-6)에 빠져 있기 때문입니다. 선악과 사건은 인간이 마귀(사탄)의 거짓말에 속아 하나님께서 먹지 말라는 선악과를 따먹은 사건입니다.

이게 소설 속에 나오는 사건이 아니라 우리 인간에게 있어서 죄와 마귀와 죽음문제를 비롯한 열등감, 안 된다는 생각, 패배의식에 사로잡혀 사는 것까지 포함해서 인생의 모든 문제가 발생한 사건입니다. 그럼에도 사람들은 이 사건을 영혼의 피부로 느끼지 못하고 무엇을 먹을까, 입을까라는 경제문제에 사로잡혀 삽니다.

이로 인해 그렇게 살다가 죽을 수밖에 없는 우리들을 구원하시려고 예수님께서 죽기까지 하신 사건이 있습니다. 그게 십자가 사건(피, 요 19:1-30)입니다. 선악과 사건(죄)이 그런 어마어마한 사건이라는 것을 영혼의 피부로 느끼지 못하기 때문에 십자가 사건(피)마저도 영혼의 피부로 뜨겁게 느끼지 못하는 것입니다. 지금 이 얘기가 남의 얘기로 들린다면 정말 불쌍한 사람입니다. 차라리 태어나지 말았으면 좋을 사람입니다.

가룟 유다는 3년 동안 예수님과 합숙까지 했지만 그 예수가 그리스도(선악과 사건에 빠져 낮은 자존감, 열등감, 소외감, 안 된다는 생각, 부정적인 생각, 패배의식 등으로 고생하다가 죽어 지옥으로 갈 수밖에 없는 우리를 구원하신 하나님=구세주=메시아)라는 것을 몰랐습니다. 결국은 삼십 냥에 예수님을 팔아 넘겼습니다. 예수님께서 그를 향해 '차라리 태어나지 말았으면 좋았을 텐데'라고 안타까워 하셨습니다(마 26:24).

왜 그런 말씀을 하셨을까요? 결국 지옥불구덩이 속으로 들어갈 수밖에 없다는 것을 예수님께서는 알고 계셨기 때문입니다. 그러기에 인간으로 태어난 이상 선악과 사건(죄)과 십자가 사건(피)에 대해서는 확실하게 알아야 합니다.

그래야 선악과 사건(죄)으로 인해 사람들이 낮은 자존감, 열등감, 소외감, 안 된다는 생각, 부정적인 생각, 패배의식을 가지고 살 수밖에 없다는 것을, '나는 별 볼일 없는 놈이야! 나는 역시 안 되는 놈이야!'라는 생각을 하며 살 수밖에 없다는 것을, 또한 죄 문제뿐만 아니라 이런저런 문제들을 만나기만 하면 염려하고, 속상해하고, 우울해하고, 원망, 불평, 신경질, 짜증나는 지옥 같은 삶을 살다가 죽어 진짜 지옥으로 갈 수밖에 없게 되었다는 사실을, '이러다가 더 큰 문제를 당하지나 않을까?'라는 생각(인과응보 사상)을 하며 불안한 삶을 살 수밖에 없게 되었다는 사실을 제대로 알게 될 것 아니겠습니까?

그리고 예수님께서 십자가 사건(피)을 통해 거기서 해방시켜 주셨다는 것을 알게 되고, 알게 되므로 믿어지게 될 것이고, 믿어짐으로 그 분을 마음속에 영접하여 그런 삶을 살 수밖에 없는 선악과 사건이 터진 동네(세상)에서 임마누엘 동산(그리스도 안)으로 들어오게 될 것이 아닙니까? 이것을 '구원'이라고 합니다.

그러기에 구원이라는 말은 글자 상으로 두 글자 정도가 아니라 엄청난 말입니다. 이 말 속에는 낮은 자존감, 열등감, 소외감, 안 된다는 생각, 부정적인 생각, 패배의식 등으로 고생하다가 죽어서 지옥으로 갈 수밖에 없는 그런 나(우리)였는데 그런 내(우리)가 이젠 왕 같은 제사장이라는 높은 자존감과, 또한 안 된다는 생각의 내(우리)가 이젠 된다는 생각을 할 수밖에 없는 사람(새사람)으로 거듭나게 됐다는 것도 포함되어 있기에 말입니다(고후 5:17).
"예수가 그리스도라는 것을 믿으라"는 말씀에 순종하면 '안 된다는 생각의 동네'에서 '된다는 생각의 동네'로 이사를 오게 되기 때문에 '할 수 있는 정도가 아니라 되고도 남는다는 생각'을 자동으로 갖게 됩니다(빌 4:13). 저절로(성령의 도우심으로) '할 수 있는 정도가 아니라 되고도 남는다는 생각'을 가지고 살게 되기에 인생을 사는 동안 자꾸만 되어지는 역사(하나님께서 하셔서 되어지는 일)가 일어나는 것입니다.

이미 동네 자체가 다르기 때문에도, 즉 이미 임마누엘 동산에 들어와버렸기 때문에도 신나고, 즐겁고, 기쁘지만, 이 세상(선악과 사건이 터진 동네)에 발을 딛고 있는 동안에도 그렇게 되어지는 것을 경험하게 되므로 신나고, 즐겁고, 재미있는 것입니다. 그러기에 세상적으로도 잘 되게 되는 것입니다.

왜냐하면 똑같이 세상일을 해도 그리스도를 누리고 하게 되기에 더 잘 되고, 정신적으로도 육신적으로 덜 지칩니다. 그리고 머리도 더 잘 돌아갑니다. '예수가 나의 그리스도이기 때문에 할 수 있는 정도가 아니라 되고도 남는다'는 생각(믿음)이 내 속에 작동되게 되고, 작동된 믿음(생각)은 그 믿음(생각=눈에 안 보이는 상태)대로의 열매(결과=눈에 보이는 상태)를 얻게 합니다.

그러기에 뭐니 뭐니 해도 예수가 그리스도라는 것을 제대로 알고 믿는 믿음이 너무나도 중요한 것입니다. 예수가 그리스도라는 것을 제대로 알게 되면 그것을 믿으라는 말씀에 순종하게 되고, 순종하게 되면 하나님께서 '된다는 동네'로 옮겨 주시게 되고(구원), 된다는 동네에 옮겨지므로 '안 된다는 생각' 자체가 '된다는 생각'으로 바뀌게 되고, 바뀐 그 생각대로의 열매를 얻게 되기에 이 말씀을 '복음(福音)'이라고 하는 것입니다.

말씀대로 하면(예수가 그리스도라는 것을 믿으라는 말씀에 순종하면) 이런 엄청난 복을 누리게 되기 때문에 복음이라고 말할 수밖에 없습니다. 이런 엄청난 복을 누리게 되는 것이 하나님의 비밀이었는데(골 2:2-3) 지금은 드러났습니다. 세상에 태어난 모든 사람들에게가 아니라 그분의 성도(하나님께서 창세 전에 그리스도 안에서 택해 놓으신 사람)들에게만(골 1:26), 진리에 속한 자들에게만 드러났습니다(요 18:37).

이런 비밀을, 이런 영적인 말귀를 알아듣고 이런 복을 누리고 사는 사람이 최고로 행복한 사람입니다(신 33:29). 이런 엄청난 행복을 누리고 사는 사람은 세상 것들과 인생의 이런저런 문제들과 상관없이 행복하게 삽니다. 죄 문제가 있어도 그 죄 문제 때문에 죄책감에 시달리거나 괴로워하지 않습니다. 이미 그 죄 문제에서도 벗어나 임마누엘 동산에서 임마누엘을 누리는 임마누엘인(그리스도인)이기 때문입니다.

임마누엘인은 세상의 부귀영화(돈, 명예, 지식, 승진, 권력 등)를 부러워하지 않습니다. 그런 것을 좇아 살지 않습니다. 그런 것들이 다 배설물(똥)이라는 것을 알아버렸기 때문입니다(빌 3:8). 이미 그런 것과 비교할 수 없는 임마누엘 동산의 삶(죄와 마귀와 죽음문제를 비롯한 인생의 모든 문제에서 자유한 삶, 하나님을 다시 만나 하나님과 함께 천국을 비롯한 하나님의 모든 것을 누리는 삶)을 살고 있기 때문입니다.

　지금 이 세상에 발을 딛고 있는 이 몸(아담 안에서 태어난 첫 번째 몸, 선악과 사건이 터진 동네에서 태어난 첫 번째 몸)은 썩어 없어질 몸인데 그 몸이 썩어 없어질 그 순간까지 이런 엄청난 복음을 전해주기 위해 잠시 머물고 있을 뿐입니다. 그러기에 이런 엄청난 영적인 내용을 알게 되면 세상일보다 천국일(복음 전하는 일)을 하게 됩니다. 전도자의 삶을 살게 됩니다. 왕 같은 제사장의 삶을 살게 됩니다. 천국대사로서의 사명을 감당하게 됩니다.

　미국 대사가 한국 땅에서 미국의 일을 하고 있는 것처럼, 그리하면 미국(대통령)으로부터 필요한 것들을 다 공급받게 되는 것처럼, 우리도 천국대사로 이 세상에서 천국 일을 하게 되면 천국(하나님)으로부터 필요한 것들을 다 공급받게 되어 있습니다.
　그런데도 사람(교인)들이 세상 것을 더 많이 챙기려고, 더 높이 올라가려고 애를 쓰고 있으니 뭐가 잘못돼도 한참 잘못된 것입니다. 한마디로 예수가 그리스도라는 것을 제대로 모르거나, 알아도 그것을 믿으라는 말씀에 순종하지 않아서 그런 것입니다. 순종하면 분명히 하나님의 역사가 일어나기에 하는 말입니다.

　정말 예수가 그리스도라는 것을 제대로 알아야 하고, 알았다면 그것을 믿으라는 말씀에는 순종해야 합니다. 순종해도 늘 순종해야 합니다. 순종해서 이런 엄청난 내용을 알고, 이런 엄청난 복을 누리기 바랍니다. 샬롬!

2
마음이 콩밭에 있다

'마음이 콩밭에 있다'는 말이 있습니다.

사랑하는 사람과 떨어져 있을 때는 무슨 일을 하더라도 사랑하는 사람을 생각하게 됩니다. 공부를 하더라도, 텔레비전을 보더라도 그 일에 사로잡히는 것이 아니라 사랑하는 사람에게로 마음이 향해 있게 됩니다. 그러기에 '마음이 콩밭(애인)에 가 있다'고 하는 것입니다. 몸은 여기 있는데 마음(생각)은 멀리 있는 사랑하는 사람(애인)에게 가 있다는 말입니다.

서로 사랑하는 사이라면 멀리 있어도 서로의 마음이 서로에게 가 있게 되는 것은 당연한 것입니다. 그러니까 둘 다 마음이 콩밭(서로에게)에 가 있게 되는 것은 당연한 것이고 그러다보면 언젠가는 다시 만나게 됩니다. 다시 만나게 되는 날 그동안 쌓였던 그리움, 사모함이 바깥으로 나오고, 즉 뜨거운 포옹과 입맞춤으로 표현되고 맙니다.

그렇듯이 우리가 예수님의 사랑을 알고 그분과 사랑에 빠지게 되면 우리의 마음이 콩밭(예수)에 가 있게 됩니다. 그분이 다시 오마 약속하고 천국으로 가셨기에 우리는 그분이 다시 오실 그날을 기다리고 있습니다. 그리움, 사모함이 커질 대로 커져 그분을 만나게 되는 날 폭발하게(바깥으로 드러나게=뜨거운 포옹과 입맞춤을 하게) 될 것입니다. 그때까지는 우리의 마음이 콩밭에 가 있을 수밖에 없는 것입니다. 물론 그분의 마음도 콩밭(우리들)에 가 있을 수밖에 없는 것입니다(마 28:19-20).

그분과 우리, 둘의 마음이 콩밭에 가 있다 보면 언젠가는 다시 만나게 될 것이고, 그런 후엔 다시는 헤어지지 않고 천국에서 영원히 사랑하며 살게 될 것입니다. 그때까지는 우리가 그분이 시키신 일을 해야 합니다. "예수가 그리스도라는 것을 믿으라"는 말씀(요 6:29)에 늘 순종하며, 또한 집에 있든지 일터에 있든지 성전에 있든지 어디에 있든지 예수가 그리스도라는 것을 가르치고 전해야 합니다(행 5:42).

그 일도 억지로가 아니라 너무나 감사해서 저절로 하게 됩니다. 예수님께서 우리를 얼마나 사랑하셨는지를 알기에 말입니다. 즉 선악과 사건(죄, 창 3:1-6))으로 인해 하나님과 헤어져 마귀의 종노릇을 하며 죽음문제를 비롯한 인생의 모든 문제를 시간표에 따라 만날 수밖에 없게 된 우리를, 시간표에 따라 만나게 되는 이런저런 문제들로 인해 염려하고 속상해하며 원망, 불평, 신경질, 짜증나는 삶을 살다가 결국은 죽어 지옥으로 갈 수밖에 없는 우리를 구해 주시기 위해 그분이 그 엄청난 십자가 사건(피)을 당하기까지 하셨다는 것을 알기에 말입니다.

창조주가 선악과 사건에 빠진 더러운 피조물인 우리(죄인)를 살리기 위해 사람의 모습으로 오시기까지 하셨고 죄인들에게 뺨을 맞고, 침 뱉음을 당하시고, 채찍에 맞고, 십자가에 못 박힘을 당하기까지 해서 구해 주셨으니 이런 사랑이 어디 있겠습니까? 창조주가 피조물에게 그런 엄청난 수모를 당하기까지 해서 구해 주신(하나님아버지와 화목하게 해주신) 그것이 사랑이었던 것입니다(요일 4:10). 사랑이 뭔지 모르던 우리에게 사랑을 가르쳐 주신 그분을 어찌 사랑하지 않을 수 있겠으며, 어찌 그분이 시키신 일을 하지 않을 수 있겠습니까?

그런 엄청난 수모를 당하기까지 해서 우리를 구해 주셨으니 그분이 우리의 구세주(메시아=그리스도)라는 것을 안 믿을 수 없는 것이고, 그러기에 "예수가 그리스도라는 것을 믿으라"는 말씀에 순종할 수밖에 없는 것이고, 또한 예수가 그리스도라는 것을 가르치고 전할 수밖에 없는 것입니다.

세상에 발을 딛고 있지만 마음이 늘 콩밭(예수=임마누엘 동산=천국)에 가 있을 수밖에 없는 것입니다. 세상에 발을 딛고 있지만 죄와 죽음문제를 비롯한 인생의 모든 문제에서 해방된 사람답게, 인생의 모든 문제에서 졸업한 졸업생답게, 세상대학 염려학과를 졸업한 졸업생임과 동시에 천국대학 기쁨학과에 다니는 사람답게 그 어디서나 하늘나라를 누리며(찬 438장) 그렇게 해주신 하나님을 찬송하며 사는 것입니다.

그러기에 이 땅에 사는 동안 육적인 애인과의 사랑을 통해 구원의 하나님(구세주=메시아=그리스도)이신 예수님의 사랑을 깨닫고 그분과의 사랑에 빠져야 합니다. 그래야 지금부터 죄와 죽음문제를 비롯한 인생의 모든 문제에서 해방되어 참 자유, 참 기쁨, 참 만족, 참 평안을 누리며 영생은 물론 천국을 비롯한 하나님의 모든 보화를 소유한 천국백성의 신분과 권세를 누리며 행복한 삶을 살게 됩니다.

이런 상태에서 육적인 애인과 사랑을 해야 진짜 뜨겁게 사랑하게 됩니다. 이런 상태에서의 삶이기에 사랑밖에 할 게 없습니다. 오직 사랑이죠. 그러므로 인간으로 태어난 이상 예수님께서 죽기까지 나를 사랑하신 그 사랑을 알아야 하고, 그 사랑으로 사랑해야 합니다. 그렇지 않으면 선악과 사건이 터진 동네의 사랑(그림자 사랑, 이기적인 사랑)밖에 못하게 됩니다. 사는 동안도 지옥 같은 삶을 살게 됩니다. 그대도 예수가 그리스도라는 것을 알고 믿고 받아들여서 지금부터 영원히 최고로 행복한 삶을 사시기 바랍니다.
  샬롬!

3

복음은 쉽고 능력은 크다

교인들 중에는 '복음'이라는 말을 하면서도 복음이 뭔지 잘 모르고 남들이 복음이라고 말하니까 자신도 복음이라고 하며 사는 사람들이 많습니다.

복음(福音)이란 "예수가 그리스도라는 것을 믿으면 죄에서 구원받게 된다"는 기쁜 소식(Good News)을 말합니다.

먹을 것이나 입을 것이 많다고 복을 받은 것이 아니라 죄와 심판에서 구원받는 것(자유한 것)이 진짜 복 중의 복이기에 말입니다. 돈과 명예와 권력 등 세상 것을 아무리 많이 가지고 있다 할지라도 죄에서 자유하지 못하면 그 심령은 지옥이기에 말입니다.

죄로 인해 세상을 사는 동안도 이런저런 문제들을 시간표에 따라 만나게 되고, 만나게 되는 문제들로 인해 염려하고 속상해하며 원망, 불평, 신경질, 짜증나는 지옥 같은 삶을 살다가 죽어 진짜 지옥에 가서 영원토록 형벌을 받게 되기에 말입니다. 그렇게 될 수밖에 없게 된 근본 원인이 선악과 사건(마귀에 의한 인간의 오리지널 죄,

창 3:1-6)인데 사람들이 그 사건이 뭔지도 모르고 그냥 원죄라는 말만 하고 넘어가버리니 그 죄로 인해 하나님을 떠나 인생 자체가 그 모양이 돼버린 것인데 말입니다.

그러기에 죄에서 구원받게 된다면 엄청난 복을 받은 것입니다. 왜냐하면 죄로 인해 하나님을 떠나 죽음문제를 비롯한 인생의 모든 문제를 만나게 되었다는 것을 알았다면 그 죄에서 구원받게 되면 하나님을 다시 만나게 되고, 죄로 인한 죽음문제를 비롯한 인생의 모든 문제에서 해방되어 참 자유를 누리게 되는 것도 당연한 것이고, 영생은 물론 천국을 비롯한 하나님의 모든 보화를 소유한 천국백성으로서 그 어디서나 하늘나라를 누리게 되는 것도 당연한 것이기에, 이렇게 엄청난 복을 누리게 되기에 말입니다.

그렇게 엄청난 복을 누릴 수 있게 해주는 말씀(복음)의 핵심이 뭐냐 하면 예수가 그리스도(십자가 사건을 통해 그렇게 엄청난 복을 누리게 해주신 구원의 하나님=구세주=메시아)라는 것을 믿으라는 것입니다.

"예수가 그리스도라는 것을 믿으라"는 말씀(복음)에 순종했다면 하나님께서 시키신 일을 한 것입니다(요 6:29). 시키신 일을 했기에 그런 엄청난 복을 누리게 된 것이니까 결국 "예수가 그리스도라는 것을 믿으라"는 말씀이 복음인 것입니다. 그러기에 우리가 해야 할 일은 복음(예수가 그리스도라는 것을 믿으라는 말씀)에 순종하는 것입니다(찬 449장).

"예수가 그리스도라는 것을 믿으라"는 말씀에 순종하면 그런 엄청난 복을 누리게 되기에 엄청난 복을 누리는 방법이 너무너무 쉽습니다. 이렇게 쉬운데 거짓 선지자, 거짓 종교지도자들이 자꾸만 도덕대로, 율법대로 살아야, 말과 뜻과 행실을 깨끗하고 착하게 해야, 헌금과 헌신이 있어야, 마음수련이나 고행이 수반된 종교행위를 해야 된다는 헛된 소리, 거짓말을 하고 있습니다. 하나님께서는 율법을 비롯한 그 어떤 법이나 그 어떤 행위로도 안 되고(롬 3:27), 그런 방법을 따라가면 사망에 이르게 된다고 하셨습니다(롬 7:10).

그런 방법으로 하면 된다는 생각에 빠져 있는 사람이라면 종교지도자가 됐든 성인(聖人)이 됐든 그 누구라 할지라도 세상에 속한, 육에 속한, 선악과 사건이 터진 동네에 속한, 마귀에게 속한 사람입니다. 말로는 주여! 주여! 하면서 금식까지 하면서 기도하지만 결국 교회 안의 이방인에 불과한 것입니다. 그러기에 지옥행입니다(마 7:21).

그러나 비록 그렇게 살지 못했다 할지라도 "예수가 그리스도라는 것을 믿으라"는 말씀(요 6:29)에 순종하면 죄 사함 받고 성령을 받게 됩니다(행 2:38). 선악과 사건이 터진 동네(세상)에서 해방되어(출세상하여) 참 자유를 누리게 되고 영생은 물론 천국을 비롯한 하나님의 모든 보화를 소유한 천국백성으로서 그 어디서나 하늘나라를 누리게 됩니다(찬 438장). 참으로 엄청난 복입니다. 이런 엄청난 복을 누리게 해주신 증거가 있습니다. 그게 그분이 당하신 십자가 사건(피, 요 19:1-30)입니다.

예수님께서 그 엄청난 십자가 사건을 당하기까지 해서 참으로 엄청난 복을 누리게 해주셨으니 그분이 우리의 구세주(메시아=그리스도)라는 것을 믿으라는 말씀(복음)에 순종하면 되는데 복음에 순종하면 하나님의 요구조건이 충족되고(예수가 그리스도라는 것을 믿으라고 하신 말씀에 순종했으니까), 충족됨으로 그 복이 자기에게 임하게 되어 있고, 임하므로 누리게 되는 것은 당연한 것입니다.

우리가 우리 힘으로, 우리 방법으로 노력해서 이런 엄청난 복을 누리게 된 것이 아니라 복음에 순종했더니(하나님께서 요구하신 대로 했더니) 이런 복을 누리게 되었으니 이것이 하나님의 은혜요, 하나님의 역사(하나님께서 그렇게 해주심)입니다. 최고의 은혜, 최고의 역사를 체험한 것입니다. 나도 복음에 순종하여 체험했습니다. 그래서 '복음은 쉽고 능력은 크다'고 말하는 것입니다. 복음에 순종했더니 이렇게 엄청난 하나님의 복을 누리게 되었습니다.

이 역사를 체험하지 못하면 또 다시 율법이나 신비나 세상적인 것(돈, 지식, 승진, 명예, 권력 등), 세상적인 방법, 인간적인 방법(사람들의 경험=남들이 하는 것을 보고 따라 감)을 좇아가게 되어 있습니다. 자꾸 그렇게 엉뚱한 것을 좇아가게 되어 있습니다. 하나님께서는 이런 엄청난 복을 누릴 수 있는 방법(길)은 '예수의 피 밖에 없다'(찬 252장='예수가 그리스도라는 것을 믿으라는 말씀에 순종하는 길밖에 없다')고 하셨는데 자기 생각대로 사는 사람들이 많습니다.

"♬~돈으로도 못 가요~ 하나님 나라~

힘으로도 못 가요~ 하나님 나라~

벼슬로도 못 가요~ 하나님 나라~

지식으로 못 가요~ 하나님 나라~

어여뻐도 못 가요~ 하나님 나라~
맘 착해도 못 가요~ 하나님 나라~

거듭나면 가는 나라~ 하나님 나라~
믿음으로 가는 나라~ 하나님 나라~ ♬"

교회에서 유년시절부터 이런 노래를 수없이 불렀으면서도 자기 힘으로, 돈으로 구원받겠다고 애쓰는 사람들이 많습니다.

노랫말에서처럼 믿음으로 거듭나게 되고, 믿음으로 하나님 나라를 누리게 되고, 믿음으로 하늘나라에 들어가는 것인데 말입니다. 무엇을 믿는 믿음으로인가? 예수가 그리스도라는 것을 믿는 믿음으로! 하나님 나라(천국=참 자유, 참 기쁨, 참 평안, 참 만족, 참 행복=하늘나라)를 그 어디서나 누릴 수 있는 방법은 돈, 힘, 벼슬, 지식, 미모, 착한 마음, 한마디로 세상적인 것들로 되는 것이 아니라, 예수가 그리스도(거듭나게 해주신, 하늘나라를 누릴 수 있게 해주신 구원의 하나님)라는 것을 믿으라는 말씀에 순종하면 됩니다(찬 438장).

사람들이 이렇게 쉬운 방법을 놔두고 교인들은 교인들대로, 각종 종교인들은 종교인들대로 자기 생각, 자기 고집대로 하기에 안 해도 될 고생을 하는 것입니다. 그게 마귀에게 속고 있다는 증거입니다. 처음부터, 즉 선악과 사건 때부터 사람을 속여 죽게(인생의 모든 문제를 만나게) 만든 마귀는 지금도 계속 속이고 있는데, 즉 "예수가 그리스도라는 것을 믿으라"는 말씀에 순종하기만 하면 된다는 말씀 이외의 것으로 자꾸만 속이고 있는데 사람들이 속고 있는 줄도 모르고 속고 있습니다.

그 마귀의 속임에서, 그 마귀에게서 벗어날 수 있는 방법도 예수가 그리스도(마귀에게서 우리를 해방시켜 주신 구원의 하나님)라는 것을 믿으라는 말씀에 순종하면 되는데 사람들이 이 말씀(복음)에 순종을 안 하기에 계속 속고 있습니다. 계속 속고 있다는 말은 계속 고생하게 된다는 말입니다. 교인들이라 해도 복음에 순종하지 않으면 세상(선악과 사건이 터진 동네) 사람들과 똑같은 삶을 살게 됩니다.

그러기에 복음에는 순종해야 합니다.

순종이 제사보다 낫습니다(삼상 15:22). 어떤 외적행위보다 복음에 순종(마음으로 하는 일=내적행위)하는 것이 더 중요합니다. 이것 외에 다른 방법은 없습니다. 그런데도 이것마저 하지 않으면 더 이상 답은 없습니다. 이런 엄청난 복을 누릴 수 없습니다. 지금 이렇게 얘기 해줘도 잘 모르겠다면 세상을 더 살아보십시오. 세상을 더 살아보라는 말은 고생을 더 해보라는 말입니다. 그렇게 고생하고 살다보면 알겁니다. 살다보면, 즉 다른 방법으로 해보다보면 '복음에 순종하는 길밖에 없다'는 것을 알게 될 겁니다. 하나님으로부터 선택받은 백성이라면 말입니다.

그리고 왜 순종해야 하느냐 하면 순종 자체가 믿음의 행위(내적행위=마음으로 하는 행위)이기 때문입니다. 하나님께서 인정해주시는 행위이기 때문입니다. 하나님께서는 이런 방법으로 하시겠다는 것입니다. 복음에 순종하면 복음 속에 들어 있는 복을 분명히 누리게 되어 있기 때문입니다. 이렇게 하나님의 응답을 받게 되면 그 다음부터는 순풍에 돛단배처럼 앞으로 나가게 되어 있습니다. 우리의 행할 길이 환해집니다(찬 449장).

높은 산, 거친 들이 가로막는다 해도 즉 그 어떤 문제를 만나더라도 그런 문제들을 밟고 지나가게 됩니다. 정복하고 다스리게 됩니다. 초막이나 궁궐이나 그런 환경과 상관없이 그 어디서나 하늘나라(천국=참 평안)를 누리게 됩니다(찬 438장). 더 이상 세상일에 매달리지 않게 됩니다. 더 이상 세상일에 염려하거나 속상해하지 않게 됩니다. 더 이상 원망, 불평, 신경질, 짜증내지 않게 됩니다. 그저 룰루랄라 노래(예수가 나를 이렇게 행복하게 해주신 구원의 하나님이심을 노래)하며 살게 됩니다(사 43:21).

그리고 이런 엄청난 복음을 전해주는 일을 하게 됩니다(행 1:8, 5:42). 이것이 그분께서 우리를 지으신 목적에 합당한 삶입니다. 이게 상급 받는 일입니다(계 22:12). 우리는 이런 사람이지 저 세상(선악과 사건이 터진 동네)의 사람이 아닙니다. 세상일에 매달리고, 세상일에 염려하고 속상해하는 것은 세상 사람들이나 하는 것이지 우리가 해야 할 일이 아닙니다. 그러기에 예수가 그리스도라는 것을 제대로 알아야 하고, 알았으면 그것을 믿으라는 말씀에 순종하는 것이 너무나도 중요한 것입니다. 늘 "예수가 그리스도라는 것을 믿으라"는 말씀에 순종하는 삶이 최고로 행복한 삶이라는 것을 잊지 마시기 바랍니다. 샬롬!

4

원님 덕에 나팔 분다

'원님 덕에 나팔 분다'라는 말이 있습니다.

옛날에는 고을의 원님(사또)이 행차를 할 때 가마를 탔습니다. 그 가마 앞에 "원님 행차하신다! 길을 비켜라!"라고 외치며 나팔을 부는 나팔수가 있었습니다. 이 나팔 소리를 듣는 백성들은 길 옆으로 물러서서 행차가 지나갈 때까지 머리를 숙였습니다. 백성들은 원님 때문에 머리를 숙였지만 결국 그 나팔수도 덩달아 절을 받게 된 것입니다. 자기 혼자라면 그런 일이 일어나지 않겠지만 원님과 함께 하므로 그런 일이 일어나게 된 것입니다.

지위가 낮은 나팔수가 지위가 높은 원님 덕분에 자기도 덩달아 백성들로부터 절을 받으며 고을(시가)행진을 하게 되었으니 얼마나 기분이 좋겠습니까? 기분이 너무 좋아 폼을 있는 대로 다 잡고 어깨를 덩실거리며 나팔을 불어대는 나팔수를 상상해보시기 바랍니다.

옛날에 우리 집에서 초등학교 선생님들이 하숙을 했습니다. 그 선생님들의 밥상과 우리가 먹는 밥상은 많은 차이가 있었습니다. 우리는 보리밥도 제대로 못 먹던 시절이었는데 선생님들의 밥상은 늘 하얀 쌀밥에 반찬도 물고기, 육고기 등 여러 가지였습니다. 동생들과 나는 선생님들의 식사 시간이 끝나기를 기다렸습니다. 선생님들이 맛있는 반찬을 남길 때가 있기 때문입니다.

그리고 어쩌다 선생님 중의 한 분이 식사를 못하실 경우가 생기면 그 때는 그 하얀 밥과 반찬이 우리 차지였습니다. 지금이야 그게 아무 것도 아니지만 어린 시절, 보리밥도 제대로 못 먹던 시절이었기에 그것은 엄청난 횡재였습니다. 이렇게 남의 덕에 자기에게 어떤 물질적인 이익이나 기분 좋은 일이 생겼을 때 "원님 덕에 나팔 분다"라는 말을 씁니다.

이 얘기를 통해 영적으로 생각나는 게 없습니까? 우리가 원님 중의 원님이신, 만왕의 왕이신 "예수님 덕에 나팔 분다"라는 생각이 안 듭니까? 나는 예수님 덕에 나팔을 불고 있습니다. 만왕의 왕이신 예수님과 함께 세상 나들이를 하고 있기에 너무나도 신납니다. 폼을 있는 대로 다 잡고 덩실덩실 춤을 추고 삽니다. 그분 때문에 이렇게 신난 인생이 되었기에 지금도 내 영혼이 춤을 추고 노래하고 있습니다.

나는 나의 왕(원님)이신 그 분을 내 마음의 가마에 태우고 "여봐라! 길을 비켜라! 만왕의 왕이신 우리 예수님 나가신다! 길을 비켜라!"라고 큰 소리를 치고 나팔을 붑니다. 그리하면 마귀와 그의 종자들인 귀신들도, 죄와 죽음, 지옥 문제를 비롯한 인생의 모든 문제들도 다 절을 하며 도망갑니다. 그러기에 인생의 모든 문제에서 자유합니다. 그래서 나는 '참 자유인'입니다(고전 9:1). 나는 이렇게 거듭난 새사람입니다(고후 5:17). 하나님을 다시 만나 천국을 비롯한 하나님의 모든 것을 소유한 천국백성이 돼버렸기에 더 이상 문제 될 것도 없고, 더 이상 부족함도 없게 됐습니다.

오늘 당장 먹을 것이 없어 죽는다 해도 나는 그 죽음문제와 상관이 없는 사람입니다. 나는 그 분으로 하여금 즐거워할 수밖에 없는 새사람이기 때문입니다(합 3:17~18). 나는 그리스도 안에 감추어져 있기 때문입니다(골 3:3). 예수님께서 다시 오시는 날 새 몸까지 다시 입고 신랑 되신 그분을 맞이할 것입니다. 그러기에 얼마나 감사한지 모릅니다. 아직 우리의 육신이 썩어지지 않아서 세상(선악과 사건이 터진 동네)에 발을 딛고 있지만 그러나 그 동네에서 이미 벗어난 참 자유인, 이미 천국백성이라는 사실을 놓치지 않기 위해 쉬지 말고 기도해야 합니다(살전 5:17).

이미 그렇게 되어 있는 자기 자신을 바라보고 그렇게 되게 해주신 분께 감사 기도 하라는 말입니다. 그래야 그렇게 되어 있는 자기 자신을 놓치지 않게 됩니다. 예수가 그렇게 해주신 구원의 하나님(구세주=메시아=그리스도)이라는 것을 믿으라는 말씀에 늘 순종하라는 말입니다. "야! 이 마귀야! 야! 인생의 모든 문제들아! 예수가 나의 그리스도다! 어서 길을 비켜라!" 라고 외치고 나팔을 불기 바랍니다. 그것이 우리의 노래(찬양)요, 기도입니다. 샬롬!

5

떡 본 김에 제사 지낸다

'떡 본 김에 제사 지낸다'는 말이 있습니다.

옛날에는 먹을 것이 귀했기에 이런 말도 생겨난 것 같습니다. 먹을 것이 없던 시절 누군가로부터 떡을 받게 되면 먹고 싶은 마음이야 굴뚝같았겠지만 '그동안 조상님들께 제사도 못 드렸는데 공짜 떡으로 제사부터 드려야겠다'는 효심이 작동돼 '떡 본 김에 제사 지낸다'라는 말이 생겨나지 않았을까요?

제사를 지내고 싶어도 먹을 것이 없는데 마침 떡이 생겼으니 얼마나 좋은 기회였겠습니까? 그래서 기회가 좋을 때 벼르던 일을 서둘러 해치운다는 뜻으로 지금도 많이 쓰고 있는 말입니다. 이 말을 그냥 그렇게만 생각하고 넘어 갈 것이 아니라 영적으로 생각해보시기 바랍니다. 정말 우리는 기회가 좋을 때 벼르던 일을 서둘러 해치워야 합니다. 떡(예수) 본 김에 제사(십자가 사건)를 지내야 된다는 말입니다. 예수님의 십자가 사건(떡과 포도주)이 우리에게 주어졌을 때 하나님 앞에 제사를 드리자는 말입니다.

우리가 우리의 죄(선악과 사건=죄와 마귀와 죽음, 지옥 문제를 비롯한 인생의 모든 문제가 발생한 사건) 문제를 해결하기 위해 하나님 앞에 제사를 드려야 하는데 제물이 없어서 제사를 드릴 수 없었습니다. 우리의 죄 문제를 해결하기 위해서는 세상에 있는 떡이나 술로도, 아니 짐승이나 사람을 제물로 바쳐도 온전한 제사가 될 수가 없기 때문입니다.

그러나 걱정할 필요가 없습니다.

벌써 2,000년 전에 거룩하신 하나님아버지의 아들 예수께서 하나님아버지 앞에 제물이 되어 주셨기 때문입니다. 그렇게 해주신 증거가 있습니다. 그게 예수님께서 당하신 십자가 사건(피, 요 19:1-30)입니다. 그러니까 예수님은 우리의 죄 문제를 해결해 주신 제물 그 자체이며, 제사를 드려주신 참 대제사장 그 자체입니다(히 9:12, 3:1, 4:14). 그래서 예수를 그리스도라고 하는 것입니다.

우리가 "예수가 그리스도라는 것을 믿으라"는 말씀에 순종하면 우리가 예수님이라는 제물(참 떡)을 하나님아버지 앞에 드린 행위(제사행위)를 한 것이나 마찬가지가 되기에, 거룩한 제사를 드렸으니 우리의 죄 문제가 해결된 것입니다. 그러니까 우리가 떡(예수) 본 김에 제사(십자가 사건)를 드렸더니(예수가 그리스도라는 것을 믿으라는 말씀에 순종했더니) 죄에서 자유하게 된 것입니다.

이 세상에 태어난 모든 사람들은 떡 본 김에 제사를 드려야 합니다. 그래야 죄에서 자유하게 되고, 자유하므로 영이신 하나님을 실제로 다시 만나게 되고, 만나게 되므로 천국을 비롯한 하나님의 모든 것을 소유한 천국백성이 되어 그 어디서나 하늘나라를 누리게 됩니다(찬 438장).

"예수가 그리스도라는 것을 믿으라"는 말씀에 순종하면 이런 엄청난 복이 주어지는데 아직도 이런 엄청난 복을 누리는 방법을 몰라 안 해도 될 고생을 하는 사람들도 많습니다. 이런 복을 누리지 못하면서 율법에 매인바 되고 갇힌 상태에서 교회만 열심히 다니고 또한 고행이 수반된 각종 종교행위를 하며 사는 사람들이 많기에 하는 말입니다.

그런 종교 행위를 비롯하여 아무리 말과 뜻과 행실을 깨끗하고 착하게 해도, 아니 죽을 때까지 선행이나 고행을 많이 해도, 아니 자기 자신을 하나님 앞에 제물로 드려도 그런 엄청난 복을 누릴 수가 없습니다. 떡 본 김에 제사만 드리면 됩니다. 예수가 그리스도라는 것을 믿고 영접하라는 말씀에 순종하기만 하면 됩니다. 순종하는 그 순간이 떡(예수) 본 김에 제사(십자가 사건)를 드리는 행위의 순간입니다. 이것이 자기 마음속에서 일어나는 일이기에 내적 행위(믿음의 행위)라고 합니다.

하나님께서는 말과 뜻과 행실을 깨끗하고 착하게 하는 그런 외적인 행위를 원하시는 것이 아니라 내적인 행위를 원하십니다. 순종하는 것이 자기 몸을 제물로 드리는 일보다 낫습니다(삼상 15:22). 순종하는 것은 자기 생각을 내려놓고 하나님의 말씀대로 하는 것입니다. 그리하면 나와 같은 엄청난 복을 지금부터 영원히 누리게 됩니다. 어서 서둘러 떡 본 김에 제사를 드리기 바랍니다.

6

간에 기별도 안 간다

'간에 기별도 안 간다'라는 말은 음식의 양이 너무 부족해 배불리 먹지 못했을 때 쓰는 말입니다. 우리도 이렇게 간에 기별도 안 가는 일이 생기는데 하나님은 안 그렇겠습니까? 우리가 죄(선악과 사건=죄와 마귀와 죽음, 지옥 문제를 비롯한 인생의 모든 문제가 발생한 사건) 문제를 해결하기 위해 하나님 앞에서 그 어떤 행위를 해도 간에 기별도 안 갑니다.

우리가 아무리 말과 뜻과 행실을 깨끗하고 착하게 해도 하나님께는 간에 기별도 안 갑니다. 죽을 때까지 선행이나 고행을 해도, 아니 자기 몸을 하나님 앞에 제물로 드려도 간에 기별도 안 갑니다. 그러기에 죽을 수밖에 없고 지옥 형벌을 받을 수밖에 없는 것입니다.

그러면 어찌 해야 되겠습니까?
아무리 애를 써도 죄 문제를 해결할 수 없으니까 아무렇게나 살면 되겠습니까? 이왕에 죄 지은 몸, 이왕에 지옥에 갈 몸이니까 오늘 밤 당장 스타킹 뒤집어쓰고 큰 칼 옆에 차고 남의 집을 방문하시겠습니까? 그래서 빼앗고, 죽이고 그렇게 하시겠습니까? 그럴 수는 없지 않습니까? 하늘이 무너져도 솟아날 구멍이 있다고 했는데 솟아날 구멍이 어디 있는지 찾아봐야 되지 않겠습니까? 이걸 찾지 못한 채 사는 것은 진짜 행복한 삶이 아닙니다.

나도 한 때 이걸 찾지 못해 너무나 힘들었습니다.
죄 문제의 답이 잡힐 듯 하면서도 얼른 잡히지 않아 정말 미칠 뻔 했습니다. 죄를 안 짓고 싶은데 죄를 짓고 마는 것은(율법대로 살고 싶으나 그렇게 살아지지 않는 것은) 이미 내(사람) 속에 죄가 담겨 있기 때문이며(롬 7:17, 20), 그 죄가 담긴 사건이 선악과 사건(마귀에 의한 인간의 오리지널 죄, 창 3:1-6))입니다.

그 때 내(사람) 속에 죄만 담긴 것이 아니라 죽음문제를 비롯한 이런저런 인생의 모든 문제(저주=십자가)가 발생한 사건이었습니다. 선악과 사건은 우리 등 뒤에 십자가(죄와 죽음문제를 비롯한 인생의 모든 문제)를 짊어진 사건이었습니다. 그 때 사람(나) 속에 들어온 죄는 기회만 있으면 사람(나)을 통해 분출합니다.

마음으로나, 행위로 어느 새 그렇게 되고 마는(죄를 짓고 마는) 내 자신을 바라보게 될 때 '오호라!~ 나는 곤고한 자로구나!~ 이러다가 미치고 환장할 수밖에 없는, 이러다가 죽을 수밖에 없는 나를 누가 건져내 줄 수 있단 말인가? 죄 문제의 답이 무엇이란 말인가?"라고 탄식하고 있을 때, 죄 문제뿐만 아니라 이런저런 인생의 문제들로 인해(등 뒤에 드리워져 있는 십자가에서 시간표에 따라 흘러나오는 이런저런 문제들로 인해) '정말 미치고 환장하다가 죽을 수밖에 없는 나를 누가 건져내 줄 수 있단 말인가?'라고 탄식하고 있을 때 하나님께서 방법(답)을 가르쳐 주셨습니다.

"예수가 그리스도라는 것을 믿으라"는 말씀에 순종해보라는 것이었습니다. 예수가 그리스도라는 말은 예수가 십자가 사건(피)을 통해 죄 문제를 단번에 영원히 해결하신 구원의 하나님(구세주=메시아=죄 문제를 비롯한 인생의 모든 문제의 답)이라는 말입니다. 예수님께서 십자가에서 살을 찢고 피를 흘리신 것은 나(우리)의 죄 문제를 해결하시기 위해 하나님께 제물로 드려지는 것이었으며, 또한 그분 스스로가 대제사장이 되어서 그런 제사를 하나님께 드렸던 것입니다(히 7:27).

그 제사는 하나님의 간(마음)에 기별 정도가 아니라 충만케 한 제사였습니다. 그 분의 십자가 사건(피)은 하나님의 마음을 충만케 하심과 동시에 우리의 죄 문제를 해결하기 위한 제사였습니다. 예수께서 하신 일이지만 우리가 이것을 우리 것으로 여겨(믿어)야 합니다. 하나님께서는 십자가 사건이 이런 사건이라는 것과 "예수가 그리스도라는 것을 믿으라"고 하십니다. 이것이 하나님께서 시키신 일입니다(요 6:29, 요 1:12).

나는 그 말씀에 순종했더니 죄에서 자유케 되었습니다.

예수가 바로 죄 문제의 답이었기 때문입니다. 뿐만 아니라 죽음 문제의 답도 예수! 지옥 문제의 답도 예수! 문제들마다의 답이 '예수'라는 것을, 인생의 모든 문제의 답이 '예수'라는 사실을 알게 된 것입니다.

그냥 예수 믿고 교회만 열심히 다녔던 때와는 전혀 다른 삶을 살게 된 것입니다. 그 유명한 사도 바울도 죄 문제 때문에 나처럼 그렇게 고민하고, 괴로워하다가 하나님께서 주신 방법(답)대로 해서 죄에서 자유한 사람이 됐습니다(롬 7:15-8:2).

우리는 이제 죄 문제뿐만 아니라 인생의 모든 문제에서 자유케 됐습니다. 말로만 듣던 하나님을 영으로, 실제로 만나게 되었고 천국을 비롯한 하나님의 모든 것을 소유하게 되는 천국백성이 됐습니다. 그러기에 "예수가 그리스도라는 것을 믿으라"는 말씀에 순종하는 것이 너무나도 중요합니다. 샬롬!

7

배보다 배꼽이 더 크다

'배보다 배꼽이 더 크다'라는 말이 있습니다.

마땅히 배보다 작아야 할 배꼽이 배보다 더 크면 어찌 되겠습니까? 물론 그런 일은 없을 것입니다만 일을 하다보면 그런 경우를 만나게 되기 때문에 생긴 말입니다. 부수적인 일이 주된 일보다 더 커져버리게 되는 경우가 생기게 되기 때문입니다. 사람들이 인생의 무거운 짐에서 벗어나고자 종교행위를 하게 되는데 오히려 더 무거운 짐을 짊어지게 되는 경우가 있습니다.

사람은 교리나 법도(율법)대로 하지 않으면 벌(저주)을 받게 된다는 것을 배웠기 때문에 은근히 겁이 나게 되어 있습니다. 종교행위를 하게 된 것을 후회하지만 빠져 나오기가 힘듭니다. 그런 종교, 그런 교회에 다니는 사람들에게 후회하게 된다고 말해줘도 오히려 이런 말을 해주는 우리를 욕하는 사람들도 있습니다.

나도 이상한 교회를 다니다가 빠져 나온 사람이기에 그들이 가르치는 성경이나 교회를 잘 압니다. 나는 "예수를 믿으면 죄 사함을 받고 천국에 간다"는 말을 들었습니다. 그런데 교회에 들어가서 '~~해라, ~~하지마라'는 많은 것들(율법)을 배우게 되었습니다. 예수 하나만 믿으면 되는 줄 알았는데 부수적인 것이 너무나 많았습니다.

적당히 예수 믿어서 되는 것이 아니라 성경에 기록된 말씀대로 해야만 되는 줄 알고 그동안 못했던 십일조 헌금을 계산하여 재산 십일조 헌금과 기타 등등의 헌금을 하며 주일뿐만 아니라 새벽기도, 철야기도, 각종 집회에도 많이 다녔습니다. 세상일은 세상일 대로 하면서 그렇게 했으니 쉴 시간이 없었습니다.

그렇게 열심히 하는데도 늘 죄 문제 때문에 괴로웠습니다. 정말 하나님의 말씀(율법)대로 100% 살고 싶은데 어느새 마음으로나 행위로 죄를 짓고 마는 나를 발견할 때 정말 괴로웠습니다. 시간이 흐를수록(교회생활을 오래 할수록) 부수적인 것(율법을 비롯한 교회 행사)이 주된 것(예수님의 피)보다 커졌기 때문에 그런 것입니다. 배(예수님의 피)보다 배꼽(율법을 비롯한 교회 행사)이 더 커져버렸기 때문입니다.

예수가 그리스도라는 이것 하나만 믿으면 죄 문제를 비롯한 인생의 모든 문제에서 해방되는데 종교지도자들이 이걸 제대로 모르기 때문에 교인들을 그렇게 가르치고 몰아붙인 것입니다. 교인들은 어린아이들처럼 그런 종교지도자들의 말을 믿고 그대로 따라가게 됩니다. 그 말씀대로 하지 않으면(불순종하면) 하나님으로부터 벌을 받게 된다고 하기 때문에 하나님이 무서워서 따라가게 되는 것입니다. 나도 그랬던 사람입니다.

그러니까 예수가 그리스도라는 것을 제대로 모르는 종교지도자들의 말을 들으면 안 됩니다. 예수가 그리스도라는 말은 예수님께서 십자가 사건(피)을 통해 죄 문제뿐만 아니라 죽음문제를 비롯한 인생의 모든 문제를 해결하신, 출세상 시켜 주신, 새로운 피조물(아담 안에서 태어난 나를 죽게 해주시고 예수 안에서 거듭난 새사람)로 거듭나게 해주신 구원의 하나님(구세주=메시아)이라는 말입니다.

그러니까 예수를 믿되 예수를 그런 하나님으로 믿고 영접하면 죄 문제뿐만 아니라 인생의 모든 문제에서 해방되고, 또한 하나님을 다시 만나게 되고, 새로운 피조물(아담 안에서 태어난 나를 죽게 해주시고 예수 안에서 거듭난 새사람)로 거듭나게 되고, 영생은 물론 천국을 비롯한 하나님의 모든 것을 소유하게 됩니다. 속사람이 그렇게 된 것입니다. 그렇게 되어 있는 자기가 진짜 자기입니다. 그러기에 더 이상 문제 될 것도 없고, 더 이상 부족함도 없는 존재들입니다.

지금 세상에 발을 딛고 있는 몸은 썩어 없어질 순간을 기다리고 있을 뿐입니다. 그 시간까지 주어진 시간과 재물과 몸을 사람 살리는 일(복음 전하는 일)에 쓰는 것입니다. 예수가 그리스도라는 것을 믿는 우리는 이미 그런 엄청난 존재들입니다. 이런 존재들이라는 것을 말씀(복음=예수가 그리스도라는 것)을 통해 깨닫게 해주어야 하는데 예수가 그리스도라는 것을 모르는 종교지도자들이 엉뚱한 말만, 복음도 아닌 말만, 율법적인 설교만 교인들에게 쏟아 부어 주고 있기에 교인들이 고생을 하는 것입니다.

지금도 배(예수님의 피!=예수가 그리스도다!)보다 배꼽(율법을 비롯한 교회 행사나 각종 프로그램)을 키우는 종교지도자들이 있습니다. 그들은 그 배꼽을 키워서 자기 명예와 이익을 얻으려고 합니다. 그러나 진짜 예수가 그리스도라는 것을 제대로 아는 목사들은 이미 큰 배(예수님의 피!=예수가 그리스도다!)를 더 자랑합니다. 그 배의 크기와 넓이와 깊이가 어떠한지를 말해줍니다. 그 배를 통해 참으로 엄청난 복을 누리게 되므로 감사해서 나머지 부수적인 것들은 저절로 하게 됩니다.

앞에서도 말했듯이 이 세상에서 주어진 시간과 재물과 몸을 사람 살리는 선한 일, 즉 예수가 그리스도라는 것을 전하는 최고의 선행(사람 낚는 어부의 삶=왕 같은 제사장의 삶=천국대사로서의 삶)을 하게 됩니다(마4:9, 벧전2:9, 고후5:20). 이것이 이웃 사랑이고, 민족 사랑이며, 인류 사랑인 것입니다. 샬롬!

8

남자를 죽인 여자

여자(하와)는 약한 것 같지만 하나님께서 먹지 말라던 선악과를 따먹었을 정도로 간이 큰 존재입니다(창 3:1-6). 높아지고 싶은 욕심에, 지체가 아닌 머리가 되고 싶은 욕심에 선악과를 따먹은 존재가 여자(하와)입니다. 하나님께서는 여자의 머리는 남편이라고 말씀하셨는데(고전 11:3) 남편을 존경하라고 말씀하셨는데(엡 5:23) 요즈음 여자들 중에는 남편을 머리로 인정하지도, 존경하지도 않고 함부로 대하는 여자들이 많습니다.

"여자를 잘못 만나면 백년 원수"라는 말을 들은 적이 있습니다. 이 말은 죽는 날까지 남편에게 원수 같은 짓을 하는 여자들이 있기 때문에 생겨난 말일 것입니다. 물론 여자도 남자를 잘못 만나 죽을 때까지 힘든 삶을 산다면 그런 말을 할 수 있을 것입니다.

여자는 입이 있어도 할 말이 없는 이유가 있습니다.
여자가 선악과 사건의 주범이기 때문입니다(창 3:6). 맨 먼저 선악과 사건(죄)에 빠진 여자가 남편도 그 사건에 빠지게 하여 죽게 했고, 자식들도 죽게 했고 한마디로 인류를 죽게 했기에 하는 말입니다. 그러기에 여자는 남편에게 있어서도, 자녀들에게 있어서도 할 말이 없을 것입니다.

물론 마귀가 인류의 원수입니다만 여자들에게 선악과 사건을 영혼의 피부로 느낄 수 있게 해주려고, 즉 선악과 사건이 얼마나 엄청난 사건이었는지를 깨달으라고 또한 예수님의 십자가 사건도 영혼의 피부로 뜨겁게 느끼게 해주려고 이렇게 말하는 것입니다. 그래야 예수님을 통해 죄에서 구원받을 수 있게 되고 그래야 하나님 앞이나 남편 앞에서 겸손해지게 되고 하나님을, 남편을 머리로 인정하고 하나님을 경외하고 남편을 존경하게 될 것이고 가정에 평화가 임하게 되기에 말입니다.

일단 문제의 원인인 선악과 사건에 대해 좀 더 말씀드리겠습니다. 선악과 사건으로 인해 하나님과 남편과의 관계도 깨졌고(원수가 돼버렸고) 가정도 깨졌습니다. 깨져버린 상태에서, 원수 된 상태에서 살아가다보니 하나님과도, 남편과도 화평할 수 없는 것입니다. 자식들끼리도 화평할 수 없습니다. 맨 처음 부부였던 아담과 하와 사이에서 태어난 두 아들의 예에서도 볼 수 있습니다. 가인이 동생 아벨을 죽였던 일 말입니다(창 4:8).

부부문제뿐만 아니라 자식들의 그런 문제까지 만난 하와가 선악과를 따먹은 것에 대해 땅을 치고 통곡하며 후회했을 것입니다만, 이미 엎질러진 물이기에 어찌 할 수 없는 것입니다. 아담과 하와의 후손들이 지금도 결혼해서 가정을 꾸리고 삽니다만 부부문제, 자식들의 문제로 고생하며 살다가 때가 되면 죽습니다.

그리고 죽기 전까지 부부문제, 자식문제뿐만 아니라 이런저런 문제들을 시간표에 따라 만나게 되고, 이런저런 문제들을 만날 때마다 세상 탓, 남편 탓, 자식 탓을 하며 원망, 불평, 신경질, 짜증나는 삶을 살다가 우울증, 불면증, 피해망상증, 대인기피증, 공황장애 등으로 고생하기도 하고, 정신적으로나 육신적으로 지치고 병들어 고생하다가 결국은 죽어 지옥으로 갈 수밖에 없게 된 것이 선악과 사건 때문입니다.

선악과 사건이 인생을 그렇게 만든 것인데 선악과 사건의 주범(하와)의 후손인 여자들이 남편에게 비수 같은 말을 함부로 던져 속(마음)을 상하게 하고, 기를 죽입니다. 남편뿐만 아니라 그 집안의 부모형제간의 의리나 정을 끊어버리기도 합니다. 아내는 늘 집안에서 만나야 하기에 안 볼 수도 없고 같은 지붕 아래에서 지지고 볶으며 평생을 살게 되므로'백년 원수'라는 말이 생겨났을 것입니다.

그럴 수밖에 없는 원인이 선악과 사건인데, 그 사건의 주범이 여자인데 그러기에 여자는 하나님과 남편 앞에서 할 말이 없는 것입니다. 하와라는 여자만 그런 것이 아니라 이 시대, 세상에 발을 딛고 있는 여자들도 하와와 같은 심정으로 하나님과 남편 앞에서 "내가 죄인입니다"라고 고백해야 합니다. 남편에게 그럴 필요는 없습니다만 하나님 앞에서는 그렇게 해야 합니다.

그리고 남자의 삶의 무게는 여자의 삶의 무게보다 무겁습니다. 죽을 때까지 책임감이라는 무거운 짐이 작동되기에 그것만으로도 무거운데 죽을 때까지 경제활동을 해야 하기에(경제활동을 하게 된 이유도 선악과 사건 때문임, 창 3:1-19) 인생 자체가 힘들 수밖에 없습니다. 물론 이 시대에는 여자들도 경제활동을 합니다. 그러나 그렇게 된 것도 선악과 사건 때문입니다. 선악과 사건에 빠지지 않았더라면 그런 일은 없었을 테니까 말입니다.

그러기에 남자 또한 '그때 하와(여자)가 건네준 선악과를 먹지 말았어야 했는데…'라고 후회해봤자 아무 소용이 없습니다. 여자를 원망해도 아무 소용이 없습니다. 이미 엎질러진 물입니다. 그리고 이런 얘기를 하는 것은 여자가 잘못이 더 크다고 말하는 것도 아닙니다. 단지 여자들이 선악과 사건을 영적으로 좀 더 뜨겁게 영혼의 피부로 뜨겁게 느끼고 하나님 앞에 지은 죄를 자백하고 하나님과 화목해졌으면 하는 바람에서 하는 말입니다. 하나님을 다시 만나 그 어디서나 하늘나라를 누렸으면 해서 하는 말입니다.

그리하여 남편과 자녀들에게도 이런 내용을 전해주어 죄 사함 받게, 성령을 받게 해주라고(행 2:38), 그 어디서나 하늘나라를 누리게 해주라고 하는 말입니다(찬 438장). 하나님과 화목하게 되면 남편, 자녀들과도 화목해지기에 말입니다. 선악과 사건으로 인해 깨졌던 가정이 회복되기에 말입니다. 그래야 예수님의 사랑으로 사랑하며 살게 되기에 말입니다.

그렇게 되게 해주시려고 오신 분이 계십니다. 그분이 예수님입니다(마 1:16). 그렇게 되게 해주신 증거가 있습니다. 그분이 당하신 십자가 사건입니다(요 19:1-30). 인간의 방법으로는 안 되는 것을 예수님께서 그 엄청난 십자가 사건을 당하기까지 해서 그렇게 되게 해주셨기에 그분이 우리의 구세주(메시아=그리스도)이십니다. 하나님아버지께서는 "예수가 그리스도라는 것을 믿으라"고 말씀하셨습니다(요 6:29).

여자들이여!
"예수가 그리스도라는 것을 믿으라"는 말씀(복음)에 순종하기 바랍니다. 이것이 그 무엇보다도 시급하고 중요합니다. 돈과 명예와 권력을, 한마디로 세상 것들을 먼저 많이 챙기는 것이 중요한 것이 아니라 "예수가 그리스도라는 것을 믿으라"는 말씀에 순종하는 것이 그 무엇보다 시급하고 중요한 일입니다.

에덴동산에서는 불순종했지만 이젠 순종하기 바랍니다. 순종하면 앞에서 말한 그런 엄청난 일들이, 그리고 나머지가 되어 지게 됩니다(마 6:33, 찬 449장, 384장). "예수가 그리스도라는 것을 믿으라"는 말씀(복음)에는 순종하여 여자도 살고, 앞에서 말한 그런 복도 누리고 남편과 자녀들에게도 복을 누릴 수 있게 해주기 바랍니다. 샬롬!

9

시골에 살고 있지만
시골일과 상관없는 사람

시내에 살다가 시골로 갔습니다. 그런데 아침에 스피커에서 "오늘 비료와 농약을 받아 가시기 바랍니다"라는 소리가 들렸습니다. 그런데 그 말은 나와 상관이 없는 말입니다. 왜냐하면 나는 시골에 살고 있어도 시골의 일(농사)을 하는 사람이 아니라 시내 학교에서 학생들을 가르치는 교사이기 때문입니다.

그렇듯이 그리스도인인 우리는 세상(선악과 사건이 터진 동네)에 살고 있어도 세상일이나 세상에서 일어나는 문제들과 상관이 없는 사람입니다. 세상의 말(사상)이나 이런저런 문제들을 만나도 염려하거나 속상해하며 원망, 불평, 신경질, 짜증나는 삶을 사는 사람이 아닙니다. 우리는 세상에 살고 있어도 그 어디서나 하늘나라를 누리며 , 쌀독에 쌀이 없어도, 지갑에 돈이 없어도, 외양간에 소가 없어도, 세상이 뒤집어지든 폭발하든 그 어떤 문제와도 상관없이 그 어디서나 하늘나라를 누리며 그렇게 해주신 하나님을 노래하며 사는 사람입니다(합 3:17-19).

그리고 무엇보다도 우리는 천국 일(하나님아버지께서 시키신 일=죄인들에게 복음을 전하여 그리스도인이 되게 해주는 일)을 하는 사람, 즉 예수가 그리스도라는 것을 가르치기와 전하는(행 5:42) 위대한 사람(이방인의 스승, 딤전 2:7)이요, 왕 같은 제사장이요(벧전 2:9), 사람 낚는 어부입니다(마 4:19).

우리가 말과 뜻과 행실을 깨끗하고 착하게 했기에, 도덕이나 율법이나 고행이 수반된 종교행위를 열심히 했기에 그런 사람이 된 것이 아니라 "예수가 그리스도라는 것을 믿으라"는 말씀에 순종했더니 그렇게 된 것입니다.

예수가 그리스도라는 말이 무슨 말이냐 하면, 선악과 사건이 터진 동네(세상)에서 이런저런 문제들이나 이런저런 말(사상)들로 인해 염려하거나 속상해하며 원망, 불평, 신경질, 짜증나는 삶을 살다가 마귀와 함께 지옥으로 갈 수밖에 없는 죄인인 우리를 임마누엘 동산으로 건져내 주신 분이 계십니다. 그분이 바로 예수님이고 건져내주신 증거가 있습니다. 그게 그분이 당하신 십자가 사건(피, 요 19:1-30)입니다.

예수님께서 그 엄청난 십자가 사건을 당하기까지 해서 우리를 구해주셨기에, 선악과 사건이 터진 동네(세상)에서 임마누엘 동산(그리스도 안)으로 건져내 주셨기에, 사망에서 생명으로 옮겨주셨기에(요 5:24) 그분을 구세주(메시아=그리스도)라고 하는 것입니다. "예수가 그리스도라는 것을 믿으라"는 말씀에 순종하면 그렇게 옮겨집니다.

나도 순종하여 옮겨졌기에 이런 말을 하는 것입니다.
아직 몸이 썩어지지 않아서 세상에 발을 딛고 있지만 이 세상 사람이 아닌 이미 임마누엘 동산 사람, 즉 천국백성(그리스도인)이기에 이런 말을 하는 것입니다.

세상(선악과 사건이 터진 동네)사람들은 무엇을 먹을까? 무엇을 입을까? 어떻게 해야 높은 자리를 차지할 수 있을까? 기름 값은 올라가고 미국의 금융 사태나 한국뿐만 아니라 세상 모든 나라가 경제 문제로 어려움을 당하고 있다는데, 여기저기서 지진이 일어나고, 기후변화로 인해 북극의 얼음이 녹아내려 해수면이 올라가고, 태풍과 해일(쓰나미)로 인해 엄청난 피해를 당하고, 여기저기서 테러와 전쟁이 터지고 있고… 이러다가 세상이 어찌 되지나 않을까? 불안해하며 이렇게 사람들이 이런저런 난리(문제) 소식(말)을 듣고 염려하고 두려워합니다(마 6:31-32).

그러나 그리스도인인 우리는 그러지 않습니다. 우리의 아버지이신 하나님께서 우리가 무엇이 필요한지 다 알고 계시며 그리스도를 통해 다 해결해 주셨고, 다 누리게 해주셨기 때문입니다(마 6:33). 내가 시골에 살고 있어도 시내(市內)에 와서 일을 하는 사람이기에 그 시골동네 이장의 말이 나와는 아무 상관이 없듯이, 세상에서 들리는 이런저런 난리(문제) 소식(말)이나, 세상 사상이나, 우리를 핍박하는 그런 말들은 그리스도인인 우리들과는 아무 상관이 없는 것입니다.

예수가 그리스도라는 것을 믿는 믿음의 사람은 이 세상에 발을 딛고 있어도 천국백성이기에 세상 문제(말)로 염려하거나 세상일을 하기 위해 존재하는 것이 아닙니다. 그리스도를 통해 세상(인생) 문제를 다 해결해 놓은 상태에서 천국일(사람 낚는 어부=예수가 그리스도라는 것을 가르치고 전하는 일)을 하는 사람들입니다(마 4:19, 행 1:8, 5:42). 앞에서도 말했지만 우리가 이런 사람이 된 것은 도덕이나 율법이나, 말과 뜻과 행실을 깨끗하고 착하게 해서가 아니라 "예수가 그리스도라는 것을 믿으라"는 말씀(복음)에 순종했기 때문입니다.

복음에 순종했기에 하나님의 약속대로 선악과 사건이 터진 동네에서, 즉 죄와 마귀와 죽음문제를 비롯한 인생의 모든 문제에서 해방되어 참 자유인이 되었고, 또한 하나님을 다시 만나 천국을 비롯한 하나님의 모든 것을 소유한 천국백성으로서 그 어디서나 하늘나라를 누리게 됐기에, 그러므로 더 이상 문제될 것도 없고, 더 이상 부족함도 없는 새로운 존재(거듭난 사람=새사람), 최고로 행복한 사람이기에(고후 5:17), 이미 다 해결됐고, 다 얻었기 때문에 더 이상 할 일이 없어서 천국 일을 하는 것입니다. 그런 상태에서 세상 일터에서 세상일도 하면서 복음을 전하는 것입니다.

그러니까 그리스도인들이 세상일터에 들어가는 것은 세상일을 하기 위함이 목적이 아니라 복음을, 즉 예수가 그리스도라는 것을 가르쳐주기 위함입니다. 물론 세상일을 하지 말라는 것이 아닙니다. 복음을 전하는 일이 주업이고 세상일은 부업이라는 말입니다. 주업에 충실하면 부업도 즐거운 마음으로 하게 되고, 사장이 지켜보든 안보든 성실하게 일하게 되고, 일의 능률도 좋고, 일을 할 때도 지혜롭게 하게 됩니다. 그러므로 회사도 좋아지는 것입니다.

이제 정리하겠습니다.

내가 시골에 살아도 시골의 일과 상관없이 사는 것처럼 그리스도인인 우리는 세상의 난리(문제) 소식(말)과 상관없는 사람이라는 것을 알고 그런 것과 상관없이 멋지게 사랑하며 사시기 바랍니다. 이런저런 문제나 이런저런 말(세상 사상)에서 이미 그리스도를 통해 졸업한 졸업생임과 동시에 천국백성이라는 것을 잊지 말고, 죄문제를 비롯한 인생의 모든 문제에서 졸업한 졸업생답게, 천국백성답게 멋지게 사시기 바랍니다. 샬롬!

10

마귀의 전술에 말려들지 않는 방법

임마누엘 동산(그리스도 안)에 들어온 사람(예수가 그리스도라는 것을 믿고 영접한 사람)이라 할지라도 자꾸만 선악과 사건이 터진 동네(죄와 죽음문제를 비롯한 이런저런 인생의 문제들로 인해 늘 염려하고 속상해하며 환경 탓, 사람 탓하고 원망, 불평, 신경질, 짜증내며 지옥 같은 삶을 살다가 지옥으로 가기 위해 마귀와 함께 대기하는 장소=세상)로 끄집어 내리려고 애쓰는 악한 놈이 있습니다. 그놈이 바로 마귀입니다.

그놈은 가장 가까운 사람을 잘 사용합니다. 마귀는 처음부터 그랬습니다(창 3:1-6). 에덴동산(임마누엘 동산)의 아담을 가장 먼저 넘어지게 한(선악과 사건에 빠지게 해서 죽음문제를 비롯한 인생의 모든 문제를 만날 수밖에 없게 한) 사람이 다름 아닌 가장 가까운 그의 아내(하와)였습니다.

마귀는 오늘날도 가장 가까운 사람(배우자, 자녀, 형제자매)들을 통해 임마누엘 동산에 들어와 있는 그리스도인들을 선악과 사건이 터진 동네로 끄집어 내리려고 애를 씁니다. 뿐만 아니라 환경이나 상황들, 또한 귀신들린 점쟁이들이나 각종 종교들까지 사용하고 있음을 알아야 합니다. 마귀의 그런 고단수의 공작정치에 놀아나지 않으려면 정신을 바짝 차려야 합니다.

그런데 사람들은 그런 줄도 모르고 세상 공부, 세상일만 합니다. 그런 마귀에게 당하지 않으려면 "예수가 그리스도라는 것을 믿으라"는 말씀에 늘 순종해야 합니다. 예수가 그리스도라는 말은 예수께서 죄, 마귀, 죽음문제를 비롯한 이런저런 인생의 모든 문제에서 우리를 해방시켜주신, 또한 영생은 물론 하나님의 모든 보화를 소유한 천국백성으로서 그 어디서나 하늘나라를 누리게 해주신 구원의 하나님(구세주=메시아)이라는 말입니다.

한마디로 선악과 사건이 터진 동네(세상)의 우리들을 임마누엘 동산으로 건져내 주신 구세주라는 말입니다. 건져내 주신 증거가 있습니다. 그게 예수님께서 당하신 십자가 사건(피)입니다. 그러기에 안 믿을 수 없는 것입니다. 믿을 수밖에 없는 그 믿음으로 "예수가 그리스도라는 것을 믿으라"는 말씀에 순종하면 하나님의 모든 것과, 그 어디서나 하늘나라를 누리게 됩니다(찬 438장). 이것이 최고의 복입니다.

사람들이 복을 받고 싶어 하면서도 복이 뭔지를 모르고 복을 찾아 헤매고 있습니다. 하나님께서는 이미 2,000년 전에 그런 엄청난 복을 그리스도 안에 담아서 우리에게 주셨는데(골 2:2-3) 이런 복을 누리고 사는 사람이 진짜 '행복한 사람'입니다(신 33:29). 이런 복을 누리는 사람은 더 이상 문제 될 것도 없고, 더 이상 부족함도 없음을 알기 때문에 자기에게 주어진 시간, 재물, 몸, 한마디로 자기의 모든 것을 사람을 살리는 일(복음 전하는 일=예수가 그리스도라는 것을 가르치고 전하는 일, 행 5:24)에 사용합니다.

그러나 그런 엄청난 복을 누리는 행복한 사람(그리스도인)이라 할지라도 아직 몸이 썩어지지 않아서 세상(선악과 사건이 터진 동네)에 발을 딛고 있기에 자기 자신이 그 동네 사람인줄 알고 그 동네의 환경이나 사람들이나 문제들에게 속기 쉽기 때문에 "예수가 그리스도라는 것을 믿으라"는 말씀에 늘 순종해야 합니다. 늘 순종하면 죽음문제를 비롯한 인생의 모든 문제에서 해방된 참 자유인으로, 영생은 물론 천국을 비롯한 하나님의 모든 것을 누리는, 그 어디서나 하늘나라를 누리는 행복한 사람으로 살게 됩니다. 순종하면 하나님의 능력으로 그렇게 됩니다.

그러므로 범사에 감사할 수밖에(살전 5:18), 항상 기뻐할 수밖에 없는 삶입니다(살전 5:16). 일용할 양식을 주심에 감사하며, 일용할 양식 외에 주어진 것들로 사람 살리는 일(최고의 선행)을 할 수밖에 없는 것입니다. 그러므로 예수가 그리스도라는 것을 제대로 알아야 하고, 알았으면 그것을 믿으라는 말씀에 순종하는 것이 너무너무 중요한 것입니다.

지금 자기의 위치가 '임마누엘 동산(그리스도 안)인가? 선악과 사건이 터진 동네(세상)인가?'를 분별하기 바랍니다. 마귀에게 속아서 선악과 사건이 터진 동네에 내려와 있다면 빨리 임마누엘 동산으로 '원위치'하기 바랍니다. 원위치하는 방법도 "예수가 그리스도라는 것을 믿으라"는 말씀에 순종하면 됩니다. 귀신들린 점쟁이들의 말은 잘 들으면서(순종을 잘하면서) 그런 귀신과 죄와 죽음문제를 비롯한 인생의 모든 문제에서 우리를 해방시켜 자유롭게 해주신 하나님의 말씀에 순종하지 않아서야 되겠습니까?

도덕이나 율법대로는 완벽하게 살지 못한다 할지라도, 다른 것은 하지 못해도 "예수가 그리스도라는 것을 믿으라"는 말씀에는 순종해야 합니다. 그것이 사는 길이고, 앞에서 말한 그런 엄청난 복을 누리게 되는 길입니다. 불순종하면 자기 위치를 이탈하게 되고 이탈하는 순간부터 마귀의 장난에 놀아나게 되고 또한 문제가 문제로 보이게 되어 염려하게 되고, 속상하게 되고, 원망, 불평, 신경질, 짜증나는 지옥 같은 삶을 살게 되고, 그러다보면 정신건강, 육신건강도 상하게 되고, 그러다보면 하나님의 일(복음 전하는 일)을 제대로 하지 못하게 됩니다.

불순종하면 환경이나 사람들로 인한, 특히 가장 가까운 사람들에 의해 생겨난 문제들에게 속게 됩니다. 불순종하는 자를 좋아하는 놈이 마귀인데 이놈은 불순종하는 자를 배고파 우는 사자처럼 찾아다닌다는 것을, 사람들이나 환경이나 상황 등으로 잘 속인다는 것을 아시기 바랍니다. 선악과 사건이 터진 동네(세상=문제동네)로 끄집어 내리려고 오늘도 애쓰고 있는 놈이 마귀라는 것을 잊지 마시기 바랍니다. 그러기 위해서도 "예수가 그리스도라는 것을 믿으라"는 말씀에 늘 순종해야 합니다. 샬롬!

11

원위치

　군대에 갔다 온 사람이라면 누구나 많이 들었던 말이 있습니다. "원위치"와 "위치로"라는 말입니다. 훈련소의 조교나 고참들이 걸핏하면 "원위치! 위치로!"라고 하는 바람에 졸병들이 죽어납니다.

　나도 그런 경험을 해봤기에 하는 말입니다.

　조교들이나 교관들이 훈련병들을 향해 "원위치!"라고 하면 훈련병이었던 우리는 "원위치!"라고 복창하며 재빨리 원래 있었던 자리로 돌아갑니다. 그러다가 이번엔 "위치로!"라고 하면 우리는 "위치로!"라고 복창하며 그들이 지정한 장소로 다시 달려갑니다. 그러기를 반복하다보면 정말 짜증납니다.

　이런 경우도 있었습니다.

　병장 계급장을 단 고참이 졸병인 나를 불렀습니다. 그의 앞으로 즉시 달려갔습니다. 그가 던진 이런저런 질문에 답변하고 있었는데 또 다른 병장 계급장을 단 고참이 저쪽에서 나를 불렀습니다. 그래서 그 고참 쪽으로 발걸음을 옮기니까 이쪽 고참이 "어허! 이

거 봐라! 죽고 싶나? 원위치!"라고 크게 소리를 질렀습니다. 눈치를 보다가 이쪽 고참에게로 갔습니다. 이게 '원위치'입니다.

그렇게 원위치 했었는데 이번에는 저쪽 고참이 "어허! 이거 봐라! 너 이리 안 와!"라고 성난 목소리로 "위치로!"라고 외쳤습니다. 훈련소 생활을 갓 마친 상태라 군기가 바짝 든 나였기에 마음이 쫄려 불안했습니다. 어떻게 할까? 잠시 고민을 하다가 이쪽 고참을 향해 "저쪽 고참에게 잠시 갔다 오면 안 되겠습니까?"라고 했더니 "이 자식이 죽고 싶어? 내가 더 고참인데 그런 나를 몰라보고 네 맘대로 하겠다 이거지?"라고 했습니다. 어쩔 줄을 몰라 하는 내가 자기들 보기에 재밌었던 모양입니다.

나중에 알고 보니 같은 병장이라도 이쪽 고참이 저쪽 고참보다 군번이 더 빠른 왕고참이었습니다. 나도 고참이 되어 졸병에게 그런 장난을 한 적이 있습니다. 그건 힘이 있는 사람이 힘이 없는 사람을 가지고 논 것입니다. 그래서는 안 되는데 그때는 내가 예수가 그리스도라는 것을 모르고 그냥 예수, 예수하며 살았던 때였기에 그랬던 것입니다.

이런 얘기를 하는 이유가 있습니다.

영적인 얘기를 하기 위함입니다. 우리가 원래 있었던 자리는 '에덴동산'이었다는 것을 아십니까? 하나님께서 사람을 만드신 후 에덴동산에 두셨습니다(창 2:8). 그런데 마귀의 거짓말에 속아 선악과 사건(마귀에 의한 인간의 오리지널 죄, 창 3:1-6)에 빠졌습니다. 그 죄로 인해 하나님(에덴=임마누엘 동산)을 떠나 선악과 사건이 터진 동네(세상=죄 문제를 비롯한 인생의 모든 문제들로 인해 염려하고 속상해하며 원망, 불평,

신경질, 짜증나는 지옥 같은 삶을 살다가 마귀와 함께 지옥으로 가기 위해 대기하는 장소)의 삶을 살게 된 것입니다. 결국 지옥으로 갑니다.

이게 저주받은 인생입니다. 이게 인간의 운명입니다. 이게 인간이 짊어지고 있는 십자가입니다. 선악과 사건이 터진 동네에서 태어난 인간은 누구나 등 뒤에 이런 엄청난 십자가(죄 문제를 비롯한 인생의 모든 문제)를 짊어지고 있기에 하는 말입니다. 그 십자가의 저주를 시간표대로 당합니다. 세상을 사는 동안 이런저런 문제들을 시간표에 따라 만나게 된다는 말입니다. 이런 인간을 임마누엘 동산으로 원위치 시켜 주신 분이 계십니다. 그분이 바로 '예수'입니다. 원위치 시켜주신 사건, 증거가 있습니다. 그게 바로 예수님의 당하신 '십자가 사건(피)'입니다.

예수께서 십자가 사건(피)을 당하신 것은 우리의 십자가를 대신 짊어지신, 즉 우리의 십자가를 해결해 주시기 위한 사건이었습니다. 그러기에 예수가 우리의 구세주(메시아=그리스도)인 것입니다. "예수가 그리스도라는 것을 믿으라"는 말씀에 우리가 순종하면 임마누엘 동산으로 원위치하게 됩니다. 임마누엘 동산에 들어와 있어도 마귀는 그런 우리들을 향해 여러 가지 것들을 이용해 "위치로!"를 외치며 배고파 우는 사자처럼 덤벼들고 있다는 것을 알고 복음정신을 바짝 차리고 있어야 합니다(벧전 5:8).

우리가 아직 몸이 썩어지지 않아서 세상(선악과 사건이 터진 동네)에 발을 딛고 있기 때문에 걸핏하면 환경이나 사람들을 통해, 또는 이런저런 문제들을 통해 '위치로'라는 말(명령)을 하고 있기에 하는 말입니다. 그러나 그 명령에 절대로 순종하면 안 됩니다. 그건 고생하는 길, 죽는 길입니다. 다시 선악과 사건이 터진 동네(세상)로 내려가게 되는 것입니다. 그러면 문제가 다시 문제로 보이게 되고, 그러므로 염려하고 속상하게 되고, 원망, 불평, 신경질, 짜증나는 지옥 같은 삶을 살게 됩니다.

그러다보면 정신적으로나 육신적으로 더 빨리 지치고 병들어 죽게 됩니다. 복음을 전하는 일, 즉 하나님의 일을 제대로 해보지도 못하게 됩니다. 그러기에 환경이나 사람들을 통해, 또는 이런저런 문제들을 통해 '위치로'라고 외치는 마귀의 명령에는 절대로 순종해서는 안 됩니다. 오히려 그리하면 할수록 하나님의 말씀(명령, 요 6:29)인 "예수가 그리스도라는 것을 믿으라"는 말씀에 더, 더, 더 순종해야 합니다. 생명 걸고 순종해야 합니다.

예수님께서 그 엄청난 십자가 사건(피)을 당하시기까지 하여 우리를 임마누엘 동산으로 '원위치'시켜 주셨는데 우리가 이런저런 문제들을 통해 '위치로'라고 외치는 마귀의 말을 따라서야 되겠습니까? 그건 예수님의 십자가 사건을 헛된 사건으로 만드는 우를 범하게 되는 것입니다. 그건 진짜 큰 죄를 짓는 것입니다(요 16:9).

도덕대로나 율법대로 살지 못한 것만 죄가 아니라 예수님의 십자가 사건을 헛된 사건으로 만들어버리는 것이 죄 중의 죄라는 것을 알아야 합니다. 이 죄에서 돌아서야 합니다. 그것이 회개입니다. 그런 회개를 하는 방법도 "예수가 그리스도라는 것을 믿으라"는 말씀에 순종하는 길밖에는 없습니다.

하나님께서는 지금도 이 세상(선악과 사건이 터진 동네) 사람들을 향해 "원위치!"라고 명령하십니다. 원위치 하는 방법은 "예수가 그리스도라는 것을 믿으라"는 말씀(명령)에 순종하는 것입니다. 그런데 사람들이 이런 내용에 대해 알려고도 안하고, 오히려 거부하고 욕을 하며 덤벼들기까지 합니다. 자기 자신이 몸이라는 껍데기로만 존재하는 것이 아니라 영혼이 있는 존재이면서도 영적인 것에 대해 너무나 무지해서 그런 것입니다.

선악과 사건이 터진 동네(세상) 자체가 어둠 그 자체이기 때문에, 그러기에 자기 영혼도 캄캄한 상태에 처박혀 있기에, 그런 어둠에 참 빛(예수)이 임했음에도 그 어둠(선악과 사건에 빠진 인간=죄인)을 깨닫지 못하고(요 1:5) 이렇게 말해주는 우리들을 향해 욕하고 덤벼드는 것입니다. 그건 하나님을 향해 욕하고 덤벼드는 것이나 마찬가지인데 말입니다. 모르고 있으면서 모르고 있다는 사실조차도 모르고 있으니 안타까운 일입니다.

그리스도를 통해 선악과 사건이 터진 동네(세상)에서 임마누엘 동산으로 올라왔으면(출세상 했으면) 올라온 그 자리를 잘 지켜야 합니다. 올라온 사람답게 룰루랄라 하고 사랑으로 사랑하며 멋지게 살면 됩니다. 그 자리를 잘 지킬 수 있는 방법도, 룰루랄라 하고 사는 방법도, 왕 같은 제사장답게 사는 방법도, 이 세상에서의 자기에게 주어진 시간, 물질, 몸까지 다른 사람들을 살리는 일에 사용하게 되는 방법도 "예수가 그리스도라는 것을 믿으라"는 말씀(명령, 요6:29)에 순종하면 됩니다.

이미 그리스도이신 예수 안에서 다 끝나버린 죄 문제를 비롯한 인생의 이런저런 문제들을 통해 "위치로!"라고 외치는 마귀의 말에 순종하면 마귀가 너무나 기뻐합니다. 군대 고참이 졸병에게 '위치로!'라는 말을 하면서 즐거워하듯이 말입니다. 그러기에 이런저런 문제들을 통해 '위치로!'라고 외치는 마귀의 말(명령)에는 불순종하고 "예수가 그리스도라는 것을 믿으라"는 말씀, 즉 "원위치!"라고 외치시는 하나님의 말씀(명령)에는 순종하기 바랍니다. 그리하여 죄와 마귀와 죽음문제를 비롯한 인생의 모든 문제에서 해방된 사람답게 멋지게 사시기 바랍니다.

아직 몸이 썩어지지 않아서 선악과 사건이 터진 동네(세상=문제동네)에 발을 딛고 있기에 자기 자신이 그 동네 사람인줄 알고(착각하고) 그 동네의 문제들에게, 그 동네 고참인 마귀에게 속기 쉽기 때문에 늘 "예수가 그리스도라는 것을 믿으라"는 말씀에 순종하여 늘 룰루랄라의 멋진 삶을 살기 바랍니다.

그리하면 여태껏 이런 내용을 모르고 이런저런 문제들을 만나 속상해하고 상처받은 것으로 인해 지치고 병들었던 것도 치유됩니다. 할렐루야! 내가 하나님을 대신해서 여러분들을 향해 '원위치!'라고 외칠 테니까 다 같이 큰 소리로 '원위치!'라고 복창하고 원위치하기 바랍니다. "원위치!" 샬롬!

12

사람들이 왜 복음에 순종하지 않으려고 하는가?

사람들이 왜 예수가 그리스도(십자가 사건을 통해 죄, 마귀, 죽음문제를 비롯한 인생의 이런저런 모든 문제를 해결해 주시고 하나님을 다시 만나 천국을 비롯한 하나님의 모든 것을 누리게 해주신 구세주)라는 것을 믿으라는 말씀(복음)에 순종하지 않으려고 하느냐 하면 마귀에게 속아서 그렇기도 하고 또한 그 말씀이 안 믿어지기 때문에 그럴 수도 있고 또한 그 말씀에 순종하게 되면 그동안의 자기 생각, 자기 고집, 자기 자존심을 내려놓아야 하는 손해도 아닌 손해를 보게 된다는 생각 때문이며, 그동안 해왔던 종교행위도 내려놓아야 하기 때문에 두려워서 순종하지 않는 것입니다.

결국 자기 것을 버려야 되는, 자기가 죽어야 하는 아픔이 있기 때문에 순종하지 않는 것입니다. 그런데 복을 받으려면 복음에 순종해야 합니다. 물질 속에, 세상 것에 복이 들어 있는 것이 아니라 복음 속에 복이 들어 있기 때문입니다. 그러기에 복음(예수가 그리스 도라는 것을 믿으라는 말씀)에 순종하지 않고 복을 누린다는 것은 있을 수 없는 일입니다. 있다 해도 그건 진정한 참 복이 아닙니다. 솔로 몬 왕처럼 세상 온갖 부귀영화를 누려도 그건 진정한 행복이 아닙 니다. 헛되고 헛된 것입니다(전 1:2).

세상의 그런 복은 하늘의 것의 그림자밖에 안 됩니다. 배설물에 불과한 것입니다(빌 3:8). 그리스도 안에 담겨 있는 이 엄청난 복이 실제의 복이며 이 복이 영원한 복입니다. 복음을 통해서만 만복의 본체이신 하나님을 다시 만나게 되고, 그러므로 더 이상 문제될 것도 없고, 더 이상 부족함이 없는 그야말로 그 어디서나 천국을 누리게 되기 때문에 복음에 대해 알아야 하고, 알았으면 순종해야 합니다.

순종하기까지가 좀 힘들 수 있으나 순종하면 마귀와 거짓 복음 에 속아서 생활해오던 삶에서 벗어나게 되고, 율법을 비롯한 종교 행위에서도 자유하게 되고, 또한 아담 안에서 태어난 옛 자기(사 람)도 죽게 되고, 예수 안에서 새로운 피조물(새사람, 그리스도인)로 거 듭나(고후 5:17) 그 어디서나 하늘나라를 누리게 됩니다(찬 438장). 그 동안 자기 생각, 자기 고집, 자존심과 율법을 내세우며 살았던 것 이 얼마나 부끄러운 일이었는지를 알게 됩니다.

그리스도인은 선악과 사건이 터진 동네(세상)에서 임마누엘 동 산(그리스도 안)으로 올라왔기에 그 어디서나 천국을 실제로 누리게 됩니다. 죄 문제를 비롯한 인생의 이런저런 모든 문제에서 자유한 삶을 살게 됨으로 늘 평안합니다. 그래서 '내 평생에 가는 길(아직 몸이 썩어지지 않아서 선악과 사건이 터진 동네〈세상〉에 발을 딛고 있는 동안의 인생 길)이 험하여도 내 영혼 평안해'라는 찬송을 하게 됩니다(찬 413장).

  늘 예수가 그리스도(이런 엄청난 복을 누리게 해주신 구세주=메시아=구원의 하나님)라는 것을 고백하고(기도), 노래하고(찬양), 전하게 됩니다(전도). 이 삶이 최고의 복을 누리는 최고로 행복한 삶이요, 최고로 보람된 삶입니다. 장차 예수님께서 다시 오시는 날 상급까지 받게 됩니다(계 22:12). 이런 내용을 모르고 그냥 예수, 예수, 복음, 복음하거나 하나님을 향해 주여! 주여! 하다가는 지옥으로 가게 됩니다(마 7:21). 그러기에 예수가 그리스도라 것을 제대로 알아야 하며, 알았으면 그것을 믿으라는 말씀(복음)에 순종하는 것이 너무너무 중요한 것입니다. 샬롬!

13

가시나무

　'가시나무'- 이 노래를 아십니까? 이 노래를 영적으로 얘기하자면 '내 속엔 내(내 생각, 내 동기, 내 욕심, 내 이기심, 내 자아, 내 기준, 내 잣대, 율법)가 너무도 많아 당신의 쉴 곳 없네~ 내 속에 헛된 바램들로(사랑 이외의 것들에 대한 생각들로, 그리스도 이외의 것들에 대한 생각들로, 세상 것들에 대한 생각들로) 당신의 편할 곳 없네~ 내 속엔 내가 어쩔 수 없는 어둠(죄, 율법의 잣대) 당신의 쉴 자리를 뺏고~ 내 속엔 내가 이길 수 없는 슬픔(죄 문제를 비롯한 인생의 모든 문제) 무성한 가시나무숲(율법들을 비롯한 내 기준들로 가득 참)같네~ 바람만 불면(죄 문제를 비롯한 이런저런 문제들만 만나면)~ 그 메마른 가지(율법들과 자기 기준들)~ 서로 부대끼며 울어 대고(정죄하여 힘들게 하고, 괴롭게 하고)~ 쉴 곳을 찾아 지쳐 날아온 어린 새들(사람들)도~ 가시(내 기준, 율법)에 찔려 날아가고~ 바람만 불면(죄 문제를 비롯한 이런저런 문제들을 만나면) 외롭고 또 괴로워 슬픈 노래를 부르던(원망, 불평, 신경질, 짜증내던) 날이 많았는데~ (반복) 내 속엔 내(내 생각, 내 동기, 내 욕심, 내 이기심, 내 자아, 내 기준, 내 잣대, 율법)가 너무도 많아 당신의 쉴 곳 없네~ 내 속엔 내가 이길 수 없는 슬

폼(죄 문제를 비롯한 인생의 모든 문제)~ 무성한 가시나무숲(율법들을 비롯한 내 기준들)같네~'

그렇습니다. 사람 속이 가시나무숲(율법을 비롯한 자기 기준들로 가득함)이 되어 있습니다. 그것들에 미달되면 미달된다고, 넘치면 넘친다고 찔러대는 바람에 찔림을 당해 아파하고, 또한 쉴 곳이 없어 방황합니다. 어디론가 쉴 곳을 찾아 날아갑니다. 여기저기 다녀 봐도 모두가 다 자기 기준과 율법을 가지고 찔러댐으로 아프고, 괴롭고, 힘듭니다. 그런데 정말 너무나 편안한 안식처가 있습니다. 그게 뭔지 아십니까? 그게 바로 '그리스도(예수)'입니다. 예수님은 우리의 부족함이나 허물과 죄 문제도 따지지 않습니다.

오히려 우리의 허물과 죄를 덮어주시며 "그런 것 때문에 얼마나 힘들었냐"며 같이 아파해 주시고 위로해 주십니다. 그동안 "많이 힘들었지, 내가 다 알고 있다, 네가 어떤 삶을 살았는지 다 안다" 하시며 너무나 뜨겁게 안아주시고 위로해 주십니다. 나는 그때 그분의 눈물을 보았습니다. 그분도 선악과 사건(죄)으로 인한 나의 힘든 삶을 아파하고 계셨고, 그러기에 그렇게 눈물을 흘리셨던 것입니다. 나는 그분의 품안에서 한없이 울었습니다. 너무나 감사해서 그분께 경배와 찬양으로 영광을 돌리며 예수가 나의, 우리의 안식처(그리스도)라는 것을 전하고 있습니다.

그리스도를 통해 내 속에 가시(율법이나 나의 잣대, 나의 기준)가 제거되므로 더 이상 내 자신을 정죄하거나 책망하지 않으며, 다른 사람을 향해서도 마찬가지입니다. 예수가 그리스도(십자가 사건을 통해 가시들을, 즉 율법과 나의 잣대를 제거해 주시고 또한 죄 문제를 비롯한 이런저런 인생의 모든 문제에서 나를 자유케 해주신 구세주)라는 것을 믿으라는 말씀에 순종했더니 그렇게 된 것입니다.

순종하므로 율법과 나의 잣대, 나의 기준과 죄와 죽음문제를 비롯한 이런저런 인생의 모든 문제에서 해방되어 자유케 되었고, 하나님을 다시 만나 천국을 비롯한 하나님의 모든 것을 누리게 됐으니 이런 복이 어디 있겠습니까. 더 이상 문제될 것도 없고, 더 이상 부족함도 없기에 이 세상에서 나에게 주어진 시간과 재물과 몸을 사람 살리는 일에 쓰게 된 것입니다.

사람들로부터나 이런저런 환경으로부터 밀려오는 문제들을 밟고 다니며 그런 문제들 밑에 깔려 죽어가는 사람을 살리는 사람 낚는 어부(마 4:19), 왕 같은 제사장이 되었으니(벧전 2:9) 이게 보통 직분입니까? 참으로 엄청난 영광스런 직분이요, 영광스런 일을 하게 된 것입니다. 어찌 내(우리)가 내(우리) 힘으로 이런 복된 사람, 영광스런 직분을 가질 수 있겠습니까. "예수가 그리스도라는 것을 믿으라"는 말씀에 순종했더니 그렇게 된 것입니다. 샬롬!

14

영적 체질 개선을
빨리 하고 싶으면...

언어의 체질(습관) 개선만큼이나 영적 체질 또한 얼른 개선되지 않습니다. 빨리되면 될수록 좋은데 말입니다. 경상도에서 태어나 살다보면 경상도 말(사투리, 방언)을, 전라도에서 태어나 살다보면 전라도 말(사투리, 방언)을 하게 됩니다. 말의 흐름, 억양 등이 표준말을 하는 서울사람들과 분명히 다릅니다.

몇십 년 전 장학퀴즈 시간에 경상도 학생이 고구마를 '고매'로 답변했다가 진행자로부터 사투리로 하지 말고 세 글자로 해보라니까(진행자는 사투리인 고매를 '고구마'로 답변해 주기를 바라고 그렇게 말한 것인데) 학생이 끝내 "물고매(물고구마)"라고 답변해서 결국 틀렸고 그 장면을 보면서 많은 사람들이 한바탕 크게 웃었습니다.

경상도 사람이 서울로 이사 가서 십 년, 이십 년을 살아도 서울말(표준어)로 얘기하지 못하는 사람도 있습니다. 언어의 체질 개선이 그렇게 어려운 것처럼 영적으로도 그렇습니다. 무슨 말이냐 하면 선악과 사건이 터진 동네(세상=죄와 죽음문제를 비롯한 이런저런 문제들로 인해 염려하고 속상해하며 원망, 불평, 신경질, 짜증내다가 정신적으로나 육신적으로 지치고 병들어 지옥 같은 삶을 살다가 지옥으로 가기 위해 마귀와 함께 대기하는 장소)의 우리들을 예수님께서 십자가 사건(피)을 통해 임마누엘 동산으로 옮겨주셨습니다.

옮겨주셨으니까 옮겨 주신 것을 믿고 옮겨진 사람답게(죄와 죽음 문제를 비롯한 인생의 모든 문제에서 해방된 사람답게 자유와 평안을 누리며, 영생은 물론 천국을 비롯한 하나님의 모든 보화를 소유한 천국백성답게 그 어디서나 하늘나라를 누리며) 살면 되는데(예수님께서 그 엄청난 십자가 사건을 당하기까지 해서 그런 삶을 살게 해주셨으니까 그렇게 살면 되는데) 그러지 못하는 사람(교인)들이 많기 때문에 하는 말입니다. 선악과 사건이 터진 동네(세상) 체질이 아직도 남아 있기에, 아직 임마누엘 동산의 체질이 되지 않아서, 즉 영적 체질 개선이 되지 않았기에 그렇다는 말입니다.

경상도에 살다가 서울로 옮겨와서 살아도 경상도 방언을 계속 사용하는 것처럼, 얼른 표준말을 사용하지 못하는 것처럼, 세상에 살다가 임마누엘 동산으로 옮겨와서 살아도 세상에서 살았던 방식과 생각으로 살아가는 모습을 보이고 만다는 말입니다. 계속해서 그렇게 살 수는 없지 않습니까? 체질 개선이 빨리 돼야 하지 않겠습니까?

그러기 위해서는 말씀을 계속 먹어야(들어야) 하는 것입니다. 그래야 영적인 체질이 개선되기에 말입니다. 임마누엘 동산 사람답게 살게 되기에 말입니다. 지금부터 정신 바짝 차리고 또 들어보기 바랍니다. 선악과 사건이 터진 동네에 살던 우리를 임마누엘 동산으로 옮겨 주신 분이 계십니다. 그분이 바로 '예수'입니다. 옮겨 주신 증거가 있습니다. 그게 예수님께서 당하신 십자가 사건(피, 요 19:1-30)입니다.

예수님께서 그 엄청난 십자가 사건을 당하기까지 해서 우리를 임마누엘 동산으로 옮겨(출세상 시켜) 주셨기에, 뿐만 아니라 그분이 장사된 지 사흘 만에 다시 사신 부활사건이라는 확실한 증거가 있기에 그분이 우리의 구세주(메시아=그리스도)라는 것을 믿을 수밖에 없는 것입니다. 그러므로 하나님아버지가 시키신 일, 즉 "예수가 그리스도라는 것을 믿으라(요 6:29)"는 말씀에 순종하지 않을 수 없는 것입니다.

그 말씀에 순종하면 어떤 일이 일어날까요? 선악과 사건이 터진 동네에서 해방되어 임마누엘 동산으로 옮겨집니다. 그러므로 당연히 임마누엘의 복을 누리게 되는 것입니다. 예수님께서 그 엄청난 십자가 사건을 통해 그렇게 되게 해주셨기에 말입니다.

임마누엘의 복이 얼마나 엄청난 복이냐 하면, 죄 사함 받고 성령을 받게 되어(행 2:38) 이동하는 성전이 되는(고전 3:16), 잃었던 생명, 광명을 얻게 되는(찬 305장), 사망에서 생명으로 옮겨지는(요

5:24), 죄와 마귀와 죽음문제를 비롯한 인생의 모든 문제에서 해방되어 참 자유를 누리게 되고, 영생은 물론 천국을 비롯한 하나님의 모든 보화를 소유한 천국백성으로서 그 어디서나 하늘나라를 누리게 되는(찬 438장) 참으로 엄청난 복입니다.

이런 엄청난 복을 누리는 방법이 율법이나 고행이 수반된 종교행위로가 아니라 "예수가 그리스도라는 것을 믿으라"는 말씀에 순종하면 됩니다. 나도 순종하여 임마누엘 동산으로 올라와 임마누엘의 복을 누리고 있습니다. 내가 말과 뜻과 행실을 깨끗하고 착하게 해서 옮겨진 것도 아니며, 도덕이나 율법이나 고행이 수반된 종교행위를 열심히 해서 옮겨진 것도 아닙니다. 그저 하나님 아버지께서 시키신 일, 즉 "예수가 그리스도라는 것을 믿으라(요 6:29)"는 말씀에 순종했을 뿐입니다. 옮겨졌기에 더 이상 문제될 것도 없고, 더 이상 부족함이 없게 되었습니다.

왜냐하면 죄와 마귀와 죽음문제를 비롯한 인생의 모든 문제에서 해방되었기에, 영생은 물론 천국을 비롯한 하나님의 모든 보화를 소유한 천국백성으로서 그 어디서나 하늘나라를 누리게 되었기에, 한마디로 임마누엘 동산에 들어와 버렸기에 말입니다. 아직 몸이 썩어지지 않아서 세상에 발을 딛고 있지만 내 속사람은 이미 임마누엘 동산에 들어와 임마누엘의 복을 누리고 있습니다.

그러므로 예수가 나의 그리스도이시니 내게 더 이상 문제될 것도 없고 더 이상 부족함이 없다고 노래하는 것이며(시 23:1), 쌀독에 쌀이 없어도, 지갑에 돈이 없어도, 외양간에 소가 없어도, 세상이 뒤집어지든 폭발하든 그 어떤 문제와도 상관없이 그 어디서나 하늘나라를 누리게 해주신 구원의 하나님을 노래(찬송)하게 된 것입니다(합 3:17-19). 하나님께서 지으신 목적대로 된 것입니다(사 43:21). 이렇게 된 내가 진짜 나입니다(고후 5:17).

이렇게 된 나이기에 몸이 흙으로 돌아가는 그 순간까지 주어진 시간과 재물과 몸을 사람 살리는 일(예수가 그리스도라는 것을 가르치고 전하는 일=하나님의 뜻을 이루어 드리는 일)에 던져놓게 된 것입니다. 이것이 이웃을, 민족을, 인류를 사랑하는 아름다운 삶입니다. 이것이 사람 낚는 어부의 삶(마 4:19), 왕 같은 제사장의 삶인 것입니다(벧전 2:9).

그대도 나처럼 이렇게 엄청난 복을 누리며 인류를 사랑하는 아름다운 삶을 살고 계십니까? 내 비록 도덕적으로나 율법적으로 완벽하지 못하지만 "예수가 그리스도라는 것을 믿으라"는 말씀에 늘 순종하며 또한 예수가 그리스도라는 것을 가르치기와 전하는 일에 최선을 다하고 있습니다. 이 일이 최고로 귀한 일이요, 최고로 선한 일이라는 것을 나도 알고 하나님께서 알고 계십니다. 그대도 이렇게 살다가 장차 천국에서 만났으면 좋겠습니다.

그렇게 되려면 말씀을, 즉 예수가 그리스도라는 말씀을 자꾸 들어야 합니다. 말씀 듣는 자리에 와서 예수가 그리스도라는 말씀을 듣고, 삶의 현장에 가서도 날마다 예수가 그리스도라는 것을 고백하고, "예수가 그리스도라는 것을 믿으라"는 말씀에 순종해야 합니다. 예수가 그리스도라는 것을 믿고 영접하여 하나님의 자녀가 됐다 할지라도 계속 그리해야 합니다. 그래야 영적 체질이 개선됩니다.

영적 체질이 개선되지 않으면 임마누엘 동산(하나님과 함께하는 동산=죄와 마귀와 죽음문제를 비롯한 이런저런 인생의 모든 문제들에서 해방된 자유인으로서의 참 기쁨과, 영생은 물론 천국을 비롯한 하나님의 모든 보화를 소유한 천국 백성으로서 그 어디서나 하늘나라를, 참 평안을 누리는 곳) 사람이 됐음에도 임마누엘 동산 사람답게 살지 못하게 됩니다. 문제를 만날 때마다 염려하고 속상해하며, 원망, 불평, 신경질, 짜증나는 삶을 살게 됩니다.

너무나 오랫동안 세상(선악과 사건이 터진 동네=문제동네)에 살다보니 세상 체질이 몸에 배어서 그렇습니다. 세상 사상에 절여져 있어서 그렇습니다. 그런 체질을 빨리 벗어던지고 싶으면 말씀 듣는 자리(교회)에 가서 말씀을, 즉 예수가 그리스도라는 말씀을 계속 들어야 하고, 삶의 현장에 가서도 예수가 그리스도라는 것을 늘 고백(찬송)하고, "예수가 그리스도라는 것을 믿으라"는 말씀에 늘 순종해야 합니다.

그동안 선악과 사건(죄)에 빠져 세상 풍습, 세상사상(말)에 지배를 받고 그런 말들의 종노릇을 하고 살았기에 그 체질과 그런 노예근성을 털어내기까지 시간이 좀 걸립니다. 사람에 따라 시간차가 있기에 얼른 털어내는 사람도 있고, 털어내는데 시간이 많이 걸리는 사람도 있습니다. 말씀 듣는 일에 게으르거나 자기 생각, 고집, 자아가 강한 사람보다는 말씀에 갈급함과 말씀에 사모함이 큰 사람들이, 상한 심령을 가진 사람들이 빨리 털어내고 일어나 하나님께서 말씀하시는 엄청난 복을 누리며 하나님의 일을 하게 됩니다.

예수가 그리스도라는 말이 얼마나 엄청난 말인지 아는 사람은 예수가 그리스도라는 말이 울려 퍼지는 곳(교회)으로 가서 듣고 듣고 듣습니다. 귀로는 들으면서 영으로는 예수가 나의 그리스도라고 고백하며 찬송하게 되어 있습니다. 뿐만 아니라 "예수가 그리스도라는 것을 믿으라"는 말씀에 늘 순종하게 되어 있습니다. 순종하되 생명 걸고 늘 순종합니다. 에덴동산에서 불순종해서 고생 고생 죽을 고생을 했기에, 이런저런 문제들과 싸우느라 늘 전쟁이었기에, 원망, 불평, 신경질, 짜증나는 지옥 같은 삶이었기에, 불순종이 얼마나 안 좋은 것인지를 알았기에 이제는 불순종하지 않습니다.

그때 불순종해서 뜨거운 맛을 봤기에 다시는 불순종하지 않습니다. "예수가 그리스도라는 것을 믿으라"는 말씀에 계속 순종하다보면 영적 체질도 빨리 개선됩니다. 물론 그동안 이런 내용, 방법을 몰라서 영적으로나 정신적으로나 육신적으로나 지치고 병들었던 것도 치유됩니다. 그러기에 예수가 그리스도라는 말씀이 엄청난 말씀이고 그 말씀에 순종하는 것이 너무너무 중요한 것입니다.

그 말씀에 불순종하는 것은 죽기를 각오한 사람이거나, 간이 배 밖으로 나온 사람입니다. 그 말씀에 순종하지 않고 어찌 살 수 있겠으며 무슨 방법으로 임마누엘의 복을 누릴 수 있겠습니까? 그 말씀에 불순종하는 것은 율법대로 살지 못한 죄보다 더 큰 죄입니다(요 16:9).

도덕이나 율법대로 살지 못해도, 그래서 죄인이라고 해도 그 죄 문제까지, 그리고 선악과 사건이라는 그 엄청난 죄와 예수가 그리스도라는 것을 모르고 그 예수님을 욕하고 죽여 버린 죄 문제까지 해결해 주신 분이 예수님이고, 해결해 주신 증거가 그분이 당하신 십자가 사건(피)인데, 그러기에 도덕이나 율법대로 살지 못한 죄 문제들의 답도 '예수'인데 그런 예수를 그리스도(죄 문제를 비롯한 인생의 모든 문제의 답)로 믿지 않는다면 무슨 수로 죄에서 자유할 수 있겠으며, 무슨 방법으로 인생의 모든 문제에서 자유할 수 있겠습니까?

그러기에 다른 것은 못해도 "예수가 그리스도라는 것을 믿으라"는 말씀에(복음)는 순종해야 합니다. 그것도 늘 순종해야 합니다. 왜냐하면 우리 몸이 아직 썩어지지 않아서 세상(선악과 사건이 터진 동네)에 발을 딛고 있기 때문에 자꾸만 자기 자신이 이 세상 사람인 줄 알고 문제들 앞에 속아 넘어지니까, 마귀에게 속기 쉬우니까, 그렇게 되면 죄 문제를 비롯한 이런저런 문제들로 인해 염려하고 속상해하며, 원망, 불평, 신경질, 짜증내다가 정신적으로나 육신적으로 지치고 병들어 지옥 같은 삶을 살게 되기에 늘 순종해야 합니다. 순종하고 순종해야 순종 체질이 됩니다.

하나님께서는 우리들에게 아골 골짝 빈들에서도(찬 323장), 태산을 넘어 험곡에 가도(찬 445장) 그 어디서나 천국을 누리게 해주셨는데(찬 438장) 우리가 마귀에게, 문제들에게 속아 그런 행복한 삶을 살지 못한다면 하나님의 심정이 어떠하겠습니까? 그분 입장에서는 죽 쒀서 개주는 일이 되고 마는 것입니다. 그러므로 우리가 불순종해서는 안 되는 것입니다. 24시간 순종하여 24시간 하나님의 마음을 시원케, 기쁘게 해드리고 자기 자신도 24시간, 지금부터 영원히 그 어디서나 천국(하늘나라)을 누려야 합니다.

문제를 만날 때마다 그 문제의 답이 '예수'라는 것을 늘 적용해야(써내야) 합니다. 그래야 영적 체질 개선도 빨라집니다. 경상도 사람이 서울에 가서 서울말을 계속 써 버릇해야 서울말을 빨리 하게 되듯이, 영적으로도 마찬가지입니다. 문제들을 만나든지 안 만나든지 항상 "예수가 그리스도라는 것을 믿으라"는 말씀에 순종(적용)하고 살아야 영적 체질 개선도 빨리 된다는 말입니다.

세상에 살 때에는 세상의 이런저런 말들을 들으며, 그런 말들에 지배당하여 그런 말들의 종노릇을 하고 살았다면, 즉 답도 아닌 답을 답으로 여기며 살았지만 이제는 예수가 그리스도(인생의 모든 문제의 답)라는 이 한마디 말로 그런 것들을 정복하고 멋지게 사시기 바랍니다. 무슨 문제를 만나도 문제의 답(그리스도)은 오직 하나 '예수'이니까 말입니다. 문제들은 많으나 답은 오직 하나(예수)라는 것을 되새김질하며 사십시오. 그래야 영적 체질 개선이 빨리 됩니다.

　그러다보면 늘 예수가 그리스도라는 것을 고백(기도)하게 되고, 늘 예수가 그리스도라는 것을 노래하게 되고(찬양), 늘 예수가 그리스도라는 것을 말하게 됩니다(전도). 그러기에 하나님도 이런 나로 인하여 기쁨을 감추지 못하고(습 3:17), 나 자신도 항상 기쁨이 넘치는 삶을 살게 됩니다(살전 5:16). 선악과 사건이 터진 동네에서 그리스도를 통해 임마누엘 동산으로 이사를 왔으면 이사 온 사람답게 신분과 권세를 마음껏 누리며 멋지게 살기 바랍니다. 샬롬!

15
십자가

십자가는 그냥 십자가가 아닙니다. 십자가 안에 죄 문제를 비롯한 이런저런 모든 문제가 다 들어 있습니다. 죽음문제를 비롯한, 그리고 지금 만나고 있는 그 문제까지 포함해서 한마디로 인생의 모든 문제가 십자가 안에 다 들어 있습니다. 이 세상(선악과 사건이 터진 동네)의 모든 인간들은 이런 십자가를 짊어지고 태어납니다. 그러기에 인생을 사는 동안 그 십자가 안에 담겨 있는 문제들을 시간표에 따라 만나게 되고, 그로 인해 염려하고 속상해하며 원망, 불평, 신경질, 짜증나는 고통의 삶을 살게 되는 것입니다.

그러다가 정신적으로나 육신적으로 지치고 병들게 됩니다. 불안하고 답답한 삶이 계속되니까 답도 아닌 답을 찾아 명리학을 공부한 사람이나 귀신들린 점쟁이한테까지 가서 점을 치고 굿을 하게 됩니다. 이미 선악과 사건 때부터 인간들이 마귀와 그의 종자들인 귀신에게 종노릇하고 있는 상태인데, 그래서 인간들이 점쟁이를 찾아가는 것입니다.

자기 등 뒤에 죄와 마귀, 죽음문제를 비롯한 인생의 모든 문제가 담긴 십자가가 드리워져 있어서 그렇게 되는 것인데 사람들은 그런 줄도 모릅니다. 그러나 하나님께서는 사람의 등 뒤에 이런 엄청난 십자가가 드리워져 있다는 것을 알고 계시기에, 그게 선악과 사건 때부터 드리워져 있다는 것을 아시기에 그것부터 먼저 해결하자고 하시는데도(마 6:33) 사람들이 무엇을 먹을까? 무엇을 입을까? 어떤 직장에 들어갈까? 어디까지 높이 올라갈까? 등등의 육(세상)적인 생각들만 하고 삽니다(마 6:31-32).

사람들이 온통 경제문제만 해결되면 만사형통이 되는 줄 알고 경제문제를 해결하는 일에 올인하고 있습니다. 그러다가 결국 시간표에 따라 죽게 되면서 말입니다(육에 속한 사람이라는 증거임). 설령 그렇게 해서 솔로몬 왕처럼 세상 온갖 부귀영화를 다 누린다 해도 그것은 하늘의 것의 그림자(배설물)인데 사람들이 그런 줄도 모르고 그런 그림자 잡기에 목숨을 걸고 달립니다. 그러다가 결국 목숨을 내놓고 맙니다. 결국 죽고 만다는 말입니다.

십자가에 대해 좀 더 얘기하겠습니다. 십자가는 죄인들을 사형시키는 사형틀입니다. 사람들이 죽는 것은 자기 등 뒤에 사형틀(십자가)을 짊어지고 태어나기 때문입니다. 죽음문제를 비롯한 모든 문제들이 십자가 안에 담겨 있기에 시간표에 따라 이런저런 문제들을 만나다가 결국 그렇게 되는 것입니다. 그러기에 먼저 그 사형틀(십자가=죄 문제를 비롯한 이런저런 문제들, 한마디로 인생의 모든 문제)을 벗어던져야 합니다.

그런데 우리 힘으로는 안 됩니다. 도덕, 율법, 말과 뜻과 행실을 깨끗하고 착하게 해도 안 되고 공자나 석가모니 사상으로도 안 됩니다. 자기 몸을 하나님께 제물로 드려도 안 됩니다. 그런데 되는 방법이 있습니다. 예수가 그리스도라는 것을 믿고 영접하면 됩니다. 그리하면 자기 등 뒤의 그 엄청난 저주의 십자가가 떨어져나갑니다. 마귀도, 죄 문제도, 죽음문제도, 지옥문제도 나가떨어집니다.

예수가 그리스도라는 말은 예수님께서 우리의 십자가(죄 문제를 비롯한 인생의 모든 문제)를 대신 짊어져주신(해결해 주신) 구세주(구원의 하나님=메시아)라는 말입니다. 예수님께서 십자가 사건(피)을 당하신 것은 우리의 십자가를 대신 져주시기 위함이었습니다. 예수님께서 직접 자기 등 뒤에 십자가를 짊어지고 골고다 언덕을 올라가서 그 십자가를 짊어진 채 죽으셨던(십자가 사건을 당하신) 것은 우리들이 잉태되는 순간부터 그런 십자가를 짊어지고 있다는 사실과, 그리고 끝내 우리들이 그 십자가를 해결하지 못하고 짊어지고 죽게 된다는 것을, 그리고 그 무거운 십자가를 예수님께서 대신 짊어져(해결해) 주셨다는 것을 우리들에게 깨닫게 해주시기 위함이었습니다.

그러기에 십자가는 그냥 십자가가 아니라는 말입니다. 십자가 안에는 이렇게 죄 문제를 비롯한 인생의 모든 문제가 담겨 있다는 것을, 그러기에 너무나 무거운 것임을, 도덕이나 율법을 비롯한 그 어떤 방법으로도, 한 마디로 우리 힘으로는 도저히 벗어던질 수 없다는 것을, 그런 십자가를 짊어지고 살다가 끝내 죽게 된다는 것을, 그리고 그 십자가를 예수님께서 대신 짊어지고 해결해 주셨다는 것을, 그래서 그 예수를 그리스도(메시아=구세주)로 알고 영접하라는 것을, 영접함으로 그 엄청난 저주의 십자가가 나가떨어진다는 것을, 그것이 구원받은 것임을 알아야 합니다.

그러니까 구원받은 사람은 더이상 문제 될 것도 없고 더 이상 부족함도 없는 사람이요, 인생의 모든 문제의 졸업생(출세상한 사람)임과 동시에 천국 백성인 것입니다.

예수님께서 그 엄청난 십자가 사건을 당하기까지 해서 그런 엄청난 복을 누리게 해주셨으니 그 분께 감시하지 않을 수 없는 것입니다. 하나님의 은혜가 아니고서는 도저히 우리가 이런 내용을 알 수도 없고, 이런 엄청난 복을 누릴 수도 없고, 노래할 수도 없는 것이기에 말입니다.

하늘에서 내려온 진짜 보배 중의 보배, 참 보배인 하늘의 것(그리스도=죄 문제를 비롯한 인생의 모든 문제의 답 그 자체요, 하나님 그 자체요, 하나님의 모든 것이 담겨 있는 천국 그 자체)을 챙기게 된 우리들! 그기에 더 이상 문제 될 것도 없고, 더 이상 부족함도 없기에 더 이상 할 일이 없어서 이 엄청난 기쁜 소식(복음)을 전하는 전도자(사람 낚는 어부, 천국대사)로 살게 되는 것입니다.

지금 우리는 그 그리스도 안(임마누엘 동산)에 감추어져 있는 너무나도 귀하고 복된 존재들입니다. 예수님께서 다시 오시는 그날 그 그리스도 안에 감추어져 있던 우리들이 새 몸을 입고 천국에서의 영생복락을 누리게 됩니다. 그때까지 선악과 사건이 터진 동네(세상)에서 천국 대사로서의 삶을 사는 것입니다.

　미국 대사가 미국의 시민권(미국 시민이지만 또한 대사의 신분과 권세를 가짐)을 가진 채 한국 땅에서 미국의 일을 하는 것처럼, 그러다가 임기가 끝나면 다시 미국으로 돌아가서 미국의 왕(대통령)과 함께 하게 되는 것처럼 우리도 그런 존재들입니다. 그보다도 더한 존재들입니다. 세상일을 하는 세상 대사는 썩어 없어질 대사요, 썩어 없어질 일을 한 것이지만 우리는 영원한 대사요, 영원히 썩지 않는 하늘나라(하나님 나라)의 일을 하는 천국대사들입니다.

　그러기에 세상일을 하기 위해 존재하는 것이 아니라 세상에 발을 딛고 있는 그 순간까지 이 세상에서의 나(우리)에게 주어진 시간과 재물과 몸을 사람 살리는 일에 쓰게 되는 것입니다. 세상 사람들이 보기에는 우리가 미친 사람으로 보이겠지만 지극히 정상적인 사람이요, 지극히 정상적인 일을 하는 사람입니다. 하나님께서 보실 때 최고의 삶을 사는 사람입니다. 최고로 영광스런 일을 하는 사람입니다. 장차 다시 오실 예수님께 잘했다 칭찬 받고 상급도 많이 받을 사람입니다. 샬롬!

16

홧김에···

'홧김에 서방질 한다'는 말이 있습니다.

이 말은 어떤 여자가 자기 남편에게 너무나 억울하고 분통터지는 일을 당해 홧김에 집을 나가서 다른 남자와 관계를 한다는 말입니다. 요즘은 인터넷을 통해 쉽게 다른 남자를 만나거나 경제문제로 여자들이 유흥업소에 들어가 성매매를 한다고 합니다. 이미 선악과 사건 때 하나님을 떠나 마귀와 간음한 인간(죄인)이기에 인간들끼리의 간음사건도 일어날 수밖에 없고, 그러기에 장차 지옥형벌을 받을 수밖에 없는 것입니다.

그런데 그런 우리를 용서해 주시고 구원해 주신 분이 계십니다. 그분이 '예수'입니다. 그렇게 해주신 증거가 있습니다. 그게 예수님이 당한 '십자가 사건(피)'입니다. 예수님께서 십자가 사건(피)을 통해 그런 우리를 구원해 주셨으니 그분이 우리에게 있어서 구세주(구원의 하나님=메시아=그리스도)입니다. 예수가 그리스도라는 것을 믿고 영접하면 구원받게 된다는 것이 하나님의 약속(새 언약=믿음의 법=복음)입니다.

복음에 순종하기만 하면 실제로 구원(죄와 마귀와 죽음, 지옥 문제를 비롯한 인생의 이런저런 모든 문제에서 해방되어 자유케 되고, 하나님을 다시 만나 천국을 비롯한 하나님의 모든 보화를 소유한 천국백성으로서 그 어디서나 하늘나라를 누리게 됨)받게 되기에, 괄호 안의 그런 엄청난 복을 누리게 되기에 '복음'이라고 하는 것입니다.

어떤 죄를 지었다 해도, 도덕이나 율법대로 살지 못했다 해도, 아니 지구에 있는 죄라는 죄를 몽땅 다 지었다 해도 복음에 순종하기만 하면 구원받습니다. 구원받은 사람은 선악과 사건이 터진 동네(세상=죄와 마귀와 죽음문제를 비롯한 인생의 모든 문제들로 인해 염려하고 속상해하며, 원망, 불평, 신경질, 짜증나는 지옥 같은 삶을 살다가 진짜 지옥으로 가기 위해 대기하는 장소)에서 임마누엘 동산(그리스도 안)으로 옮겨진 사람이기에 죄 문제를 비롯한 인생의 모든 문제에서 졸업한 졸업생이며, 그 어디서나 천국을 누리는 천국백성입니다.

속사람(영혼)은 그렇게 되었으나 몸이 아직 썩어지지 않아서 세상에 발을 딛고 있기에 자기 자신이 세상 사람인줄 알고 세상일이나 문제(죄, 마귀 죽음문제를 비롯한 인생의 모든 문제)들에게 속기 쉽습니다. 마귀는 이런 우리들의 약점을 잘 알고 있기에 기회만 있으면 그런 것들을 통해 선악과 사건이 터진 동네(세상)로 끄집어내려 문제들을 문제들로 여기게 하여 염려와 속상함, 원망, 불평, 신경질, 짜증나는 지옥 같은 삶을 살게 합니다.

그러므로 정신적으로나 육신적으로 더 지치고 병들게 됩니다. 신경질, 짜증나고 억울하고 분통터지는 문제를 만나게 됐을 때 예수가 그 문제의 답(그리스도)이라는 말씀에 순종하지 않고 계속 화를 내면 더더욱 그런 문제와 짝(서방질)이 되어 계속 그 문제와 함께 춤을 추게 됩니다. 이것이 진짜 홧김에 서방질(영적인 간음)하는 것입니다. 그러다보면 화가 고조되어 졸도(기절)까지 하게 됩니다. 결국 그렇게 마귀와 함께 춤을 추다가(서방질 하다가=영적인 간음) 지옥으로 갑니다.

그러기에 문제들(마귀)을 만나더라도 그 문제와 서방질(간음)하지 말고 답(예수)과 함께 춤을 추고 노래해야 합니다. 남녀 간의 육적인 간음만 간음이라 생각하지 말고, 육적인 간음만 안하면 간음죄를 안 지은 것으로 생각하지 말고, '육적인 간음을 안 해야지'라는 강한 의지를 가져야 되듯, '영적인 간음(마귀를 비롯한 이런저런 문제들을 받아들여 문제로 여기는 것)을 안 해야지'라는 강한 의지를 가져야 합니다.

예수님만을 나의 남편(주인, 왕, 답, 복, 생명, 기쁨, 만족, 평안 그 자체, 찬 96장)으로 여겨야지(믿어야지) 마귀와 이런저런 문제들을 남편으로 여기면(믿으면) 안 됩니다. 마귀와 문제들을 주인(남편)으로 섬기지 말고 예수님(답과 복)을 남편으로 섬겨야 합니다. 그게 진짜 예수 믿는 것입니다. 그게 진짜 그분을 배신하지 않는 것입니다. 그게 진짜 간음하지 않는 것입니다.

예수가 그리스도라는 말은 예수가 우리네 인생의 문제들마다
의 '답 그 자체요, 복 그 자체(그리스도)'라는 말입니다. 찬송가 96장
의 스무 가지 내용 그 자체라는 말입니다. 이것을 믿으라는 말씀
에 순종하는 것이 진짜 순종입니다. 순종하되 늘 순종하여 '답(그리
스도)'과 함께 춤을 추고, 노래하고, 즐겁게, 신나게 살며 그리고 이
런 내용을 전하면 상급까지 받게 됩니다(히 13:15, 계 22:12). 샬롬!

17

자유

"그리스도께서 우리를 자유롭게 하려고 자유를 주셨으니 그러므로 굳건하게 서서 다시는 종의 멍에를 메지 말라"(갈 5:1)

그리스도께서 십자가에 달려 살을 찢고 피를 흘리신 것(십자가 사건)은 선악과 사건(마귀에 의한 인간의 오리지널 죄, 창 3:1-6)으로 인해 하나님을 떠나 죄와 죽음문제를 비롯한 인생의 이런저런 모든 문제 속에 빠진 우리를, 그런 문제들에게 종노릇하며 원망, 불평, 신경질, 짜증나는 지옥 같은 삶을 살다가 진짜 지옥으로 갈 수밖에 없는 우리를 해방시켜 주시기 위함이었습니다.

더 쉽게 말하자면 지금 그대가 만나고 있는 어떤 문제를 비롯하여 율법에서도, 죄에서도, 마귀에게서도 우리를 자유케 해주시기 위해 죽음문제, 지옥 문제에서도 우리를 자유케 해주기 위함이었다는 말입니다. 그러니까 예수님의 십자가 사건(피, 요 19:1-30)은 선악과 사건(죄, 요 19:1-30)으로 인해 우리 등 뒤에 드리워진 문제들의 멍에, 즉 죄 문제를 비롯한 인생의 모든 문제(저주)가 담겨 있는 그 무거운 십자가를 예수님께서 대신 짊어져 주신 사건이었습니다.

그러기에 그분을 구세주(메시아=그리스도)라고 하는 것입니다. 예수가 그리스도라는 것이 믿어지는 믿음이 자기에게 주어졌다면 (그리스도가 하나님으로부터 우리에게 주어진 엄청난 선물이지만 예수가 그리스도라는 것이 믿어지는 믿음도 하나님으로부터 주어진 엄청난 선물이기에 하는 말임, 갈 3:23, 엡 2:8) 진짜 행복한 사람입니다(신 33:29).

왜냐하면 앞에서 말했듯이 죄 문제를 비롯한 인생의 모든 문제에서 자유한 사람이기에, 뿐만 아니라 그렇게도 만나고 싶었던 하나님을 다시 만난 상태요, 영생은 물론 천국을 비롯한 하나님의 모든 보화를 소유한 천국백성이기에, 한마디로 그 어디서나 하늘나라를 누리게 되었기에 말입니다(찬 438장).

예수가 그리스도(죄 문제를 비롯한 인생의 모든 문제의 답 그 자체, 말로만 들었던 하나님 그 자체, 영생은 물론 천국을 비롯한 하나님의 모든 보화 그 자체, 찬송가 96장의 스무 가지 내용 그 자체)라는 것이 믿어지는 믿음이 자기에게 주어졌다면 더 이상 문제 될 것도 없고, 더 이상 부족함이 없는 새로운 피조물(새사람)이 되었기에(고후 5:17), 선악과 사건이 터진 동네 사람(세상사람, 애굽사람)이 아닌 임마누엘 동산 사람(그리스도인)이 되었기에 이제 세상에 머무는 동안(몸이 썩어 없어지는 그 순간까지) 무얼 해야겠습니까?

물론 하나님께서 챙겨주신 그 엄청난 자유를 누려야 합니다. 이 자유를 누리지 못하면 이방인과 다를 바 없는 것입니다. 하나님께서 그 엄청난 십자가 사건(피)을 통해 챙겨주신 자유인데 그런 자유를 누리지 못한다면 그건 하나님의 일을 헛된 일로 만들어버리는 것이나 마찬가지입니다. 예수님의 십자가 사건을 헛되게 해버린 것이나 마찬가지기에 엄청난 죄입니다. 그러기에 자유를 누려야 합니다.

미국의 흑인 노예들이 링컨 대통령에 의해 해방됐습니다.

노예들의 해방을 반대하는 자들 때문에 엄청난 피를 흘렸습니다. 물론 링컨 대통령도 전쟁이 끝날 무렵 반대자들이 쏜 총에 맞아 죽었습니다. 많은 사람들이 피를 흘린 후에야 노예들이 해방됐습니다. 그렇다면 흑인들이 어떻게 해야겠습니까? 링컨 대통령에 대해 감사해야 하지 않겠습니까? 그리고 그렇게 많은 피를 흘려 해방이 되어 자유케 되었는데 그 자유를 누리지 못한다면 그렇게 많은 피를 흘린 사람들의 수고가 어찌 되겠습니까? 헛되고 마는 것입니다. 링컨 대통령의 마음은 어떤 마음이겠습니까?

예수님의 그 엄청난 십자가 사건(피)으로 인해 우리가 이렇게 죄 문제를 비롯한 인생의 모든 문제에서 해방되어(구원되어) 자유케 되었는데 우리가 그런 문제들에게서 자유하지 못해서야 되겠습니까? 우리는 정말 진짜 자유인(참 자유인)입니다(고전 9:1). 그런데도 자꾸만 율법을 들이대서 사람들을 정죄하고 힘들게 하는 거짓 종교지도자들이 있습니다. 말과 뜻과 행실을 깨끗하고 착하게 해야 된다거나, 선행, 고행을 비롯한 엄숙 경건한 종교행위를 해야 구원받게 된다고 말하는 사람들도 많습니다.

　그러다보니 죄 문제 때문에 양심의 가책을 받아 자살하는 사람들도 많습니다. 사람들이 새로운 법(믿음의 법, 신약), 즉 예수가 그리스도라는 것을 믿으면 된다는 '믿음의 법(롬 3:27)'이 있다는 것을 모르고 자꾸만 율법(옛 법=구약)을 들이대서 사람들을 그렇게 만듭니다(롬 7:10). 그런 거짓 선지자, 거짓말쟁이들한테 절대 속지 마십시오. 그런 사람들은 거짓의 아비인 마귀의 자녀들답게 그렇게 거짓말을 하는 자들입니다(요 8:44).
　겉은 양처럼 보이나 속은 사람을 죽이는 이리와 같다는 것을 알고 절대로 속지 마십시오.
　죄에서, 율법에서, 죽음문제를 비롯한 인생의 모든 문제에서 자유하십시오. 사람에게서도 자유하십시오. 인생을 살다보면 그 어떤 문제보다 인간관계에 있어서 이러지도 저러지도 못해 애를 먹는 경우도 있습니다. 그렇게 문제 중에서 사람 문제가 참 어렵습니다. 그러나 이런 인간관계의 문제에 있어서도 자유해야 합니다.

　그런데 현실적으로 그렇지를 못합니다. 매여 있다는 말입니다. 매여 있다는 말은 그 대상에게 종노릇을 하고 있다는 말입니다. 그런 관계에서는 창조적인 발상이나 창조적인 행위를 제대로 하지 못합니다. 그런데 그런 현실 속에서도 자유 할 수 있는 방법이 있습니다.
　하나님께서 갈라디아서 5장 1절에 말씀하셨듯이 인간관계 속에서 일어나는 문제들뿐만 아니라 죄 문제를 비롯한 인생의 모든 문제에서 우리를 자유케 하려고 오신 분이 계십니다. 그 분이 바로 '예수'입니다. 자유케 해주신 증거가 있습니다. 그것이 바로 예수님께서 당하신 '십자가 사건(피)'입니다. 우리가 죽었다 깨어나도 해결할 수 없는 인생의 모든 문제를 예수께서 십자가 사건을 통해 해결해 주셨습니다. 그러기에 예수가 우리의 구세주(구원의 하나님=메시아=그리스도)인 것입니다.

십자가 사건(피)이라는 그 엄청난 역사적인 증거를 보여 주셨기 때문에 그분이 그리스도라는 것을 안 믿을 수 없는 것입니다. 택함 받은 사람이라면, 진리에 속한 사람이라면, 분명히 믿고 받아들이게 되어 있습니다. "예수가 그리스도라는 것을 믿으라"는 말씀에 순종(내적 행위=믿음의 행위)하기만 하면 인생의 모든 문제의 멍에를 벗어던질 수 있게 된다는 것이, 해방된다는 것이, 하나님의 말씀입니다. 이것이 믿음의 법입니다(롬 3:27).

이런 엄청난 복이 예수가 그리스도라는 것을 믿으면 된다는 말씀 속에 들어 있기 때문에 이것을 복음(福音)이라고 하는 것입니다. 육적인 종노릇에서 해방되는 것도 엄청난 복인데 죄에서, 마귀에게서, 죽음문제를 비롯한 인생의 모든 문제에서 해방되는 것이니 어찌 엄청난 복이 아니겠습니까? 그래서 이 복을 진짜 '참 복'이라고 하는 것입니다. 이것이 우리가 누릴 '실상의 복'입니다.

이것이 육적인 종노릇에서 해방된 것(노예생활을 했던 흑인들이 링컨에 의해 해방된 것)과는 비교할 수 없는 엄청난 실상의 해방이요, 실상의 복입니다. 복음에 순종하기만 하면 진짜 인생의 모든 문제에서 해방된 자유인이 됩니다. 이것이 우리가 누릴 '실상의 참 자유'이며, 이 자유를 누리는 사람이 진짜 '참 자유인'입니다.

예수가 그리스도라는 것을 알게 되면 말로 형용할 수 없는 이런 엄청난 복을 누리게 되는 것입니다. 그동안 살면서 뭔가 답답했던 것들이 확 풀립니다. 인생의 먹구름이 사라집니다. 인생길이 환해집니다. 인생의 모든 문제에서 해방되므로 자유하게 됩니다. 그리스도께서 이런 엄청난 자유를 주시려고 오신 것입니다. 이런 엄청난 자유를 주시려고 십자가에 달려 피를 흘리셨던 것입니다. 주신 자유를 놓치거나 빼앗기지 마시기 바랍니다.

그런 엄청난 자유를 누리지 못하면 앞에서 말씀드린 대로 십자가 사건(피)을 헛되게 만들어 버리는 것이나 마찬가지라는 것을 알고 그 엄청난 자유를 누리시기 바랍니다. 이것이 먼저여야 합니다. 그리하면 나머지 것들도 시간표에 따라 되게 되어 있습니다. 샬롬!

18

내 것이 세계적인 것이다

'내 것이 세계적인 것이다.' 우리나라 것이 세계적이듯 '내(하나님께서 주신 달란트) 것이 세계적인 것'입니다. 하나님께서 주신 달란트가 뭔지 빨리 발견하여 그것을 열심히 갈고 닦으면 세계적인 사람(전문인)이 됩니다. 세상적으로도 성공한다는 말입니다. 부모는 자녀의 달란트가 뭔지 빨리 발견하여 그것을 밀어 주어야 합니다. 그것이 부모나 교사가 해야 할 중요하고 시급한 일입니다.

물론 진짜 참교육은 복음교육(십자가 사건을 통해 선악과 사건에 빠져 죽을 수밖에 없는 우리를 해방시켜 임마누엘 동산으로 건져내 주신 분이 예수님이라는 것을, 예수님이 그 엄청난 십자가 사건을 당하기까지 해서 우리를 구해주셨기에 그분이 우리의 구세주=메시아=그리스도라는 것을 가르쳐 주는 일)입니다. 복음교육 안에서 앞서 말한 그런 것도 발견되고, 또한 하게 되는 것입니다.

복음을 모르면 하나님께서 주신 달란트와 상관없이 세상(학교)교육만 최고인 줄 알고 붕어빵 공장에(학교) 집어넣어 붕어빵을 만들고 맙니다. 붕어빵 공장에 집어넣은 것도 부족해 제2의 붕어빵 공장(학원)에까지 밀어 넣어 어찌됐든지 수학, 영어만 열심히 하라고 몰아붙입니다. 돈과 시간을 낭비하며 부모나 자식이 안 해도 될 고생까지 합니다.

결국 붕어빵이 되고 말 걸 애들이 무슨 죄가 있어 그렇게 까지 입시지옥으로 밀어 붙이느냐 말입니다. 선악과 사건(죄)에 빠져 있기에 그럴 수밖에 없는 것입니다. 죄인이니까 지옥 가기 전까지 그렇게 고생을 할 수밖에 없는 것입니다.

복음을 통해 선악과 사건에서 해방돼야 그런 저주에서 풀려나게 되는데, 그래야 이런 내용에 대해 알게 되고, 교육도 제대로 하게 되는데, '내(하나님께서 주신 달란트) 것이 세계적인 것'임을 알고 그것을 신나고 즐겁게 갈고 닦아 세계적인 것을 만들어 내게 됩니다. 그러기에 복음교육만큼 중요한 것이 없는데 교인들조차도 세상교육을 더 좋은 것으로, 더 우월한 것으로 여기고 그런 제도에 따라 가고 있으니 안타까운 일입니다.

복음을 통해 일단 죄, 마귀, 죽음문제를 비롯한 이런저런 인생의 모든 문제에서, 즉 선악과 사건이 터진 동네에서 해방되어 참 자유를 누리고 세상일도 해야 합니다. 그렇게도 만나고 싶었던 전능하사 천지를 만드시고 다스리시는 하나님을, 모든 문제 해결자요, 답 그 자체이신, 사랑 그 자체이신 하나님을 만난 상태에서, 천국을 비롯한 하나님의 모든 것을 누리게 된 상태에서, 왕 같은 제사장이 된 상태에서 세상일도 해야 합니다. 그래야 스트레스 받지 않고 세상일도 하게 되기에 말입니다.

'왕 같은 제사장'이라는 엄청난 신분과 권세를 가진 존재임을 알고 세상일을 하는 것과 그렇지 못한 상태에서 세상일을 하는 것은 차원이 다릅니다. 이미 엄청난 존재임을 알고 해야 넉넉한 마음으로 하게 되고, 남을 짓밟고 죽이며 성공하는 것이 아니라 남을 이해해주고 도와주며 성공하게 되고, 자기 달란트뿐만 아니라 남의 달란트도 하나님께서 주신 것임을 알고 귀하게 여기고 존중하게 되고, '내 것이 세계적인 것'임을 알고 하게 되기에 자부심도 강하고, 내 것이 세계적인 것이니까 남의 것도 세계적인 것임을 알고 존중해 주게 되고, 창조적인 발상과 창조적인 행위도 하게 되고, 그러므로 경제활동도 원활하게 됩니다. 그러니까 복음교육은 참 좋은 교육인 것입니다. 샬롬!

19

다윗 왕의 반지

다윗 왕이 어느 날 보석세공사에게 "나를 위해 반지를 만들되, 그 반지에 글귀 하나를 새겨 넣어라. 그 내용은 내가 전쟁에서 승리하거나 위대한 일을 이루었을 때 기쁨에 취해 자만하지 않도록 해야 하며, 또한 동시에 절망에 빠져 있을 때 희망을 줄 수 있는 그런 글귀여야 한다"고 했답니다.

세공사는 최고의 반지를 만들기는 했으나 어떤 글귀를 새겨야 될지 몰라 며칠을 고민하다가 솔로몬을 찾아갔답니다. 지혜로운 솔로몬이 한참을 생각하다가 "이것 또한 곧 지나가리라"라는 글을 새기라고 했답니다. 왕이 승리에 도취해 있을 때 그 글을 보는 순간 자만심이 곧 사라질 것이고, 혹시 왕이 절망 중에 그 글을 보게 되면 이내 큰 용기를 얻게 될 것이라고 했답니다.

그렇습니다. 전쟁에서 승리한 것으로 인해 자만(교만)하면 그것 또한 사람이 무너지기 쉽고, 또한 어떤 일로 절망하면 그것 또한 사람이 무너지기 쉽습니다. 그리고 전쟁에서 승리했다 해도 그것이 무슨 대수로운 일이겠습니까. 사람들만 죽이고 상처만 입게 한 것인데…. 그러기에 그 기쁨이 무슨 큰 기쁨이 되겠으며, 기쁨이라 할지라도 그게 얼마나 오래 가겠습니까? 그 기쁨도 곧 지나가고(사라지고) 말 것입니다.

그리고 또한 어떤 일로 인해 낙심하고 좌절할 필요가 없는 것은 그것 또한 곧 지나가고 말 것이기에 "이것 또한 곧 지나가리라"라는 말은 왕에게 있어서나 많은 사람들에게 있어서 새겨들을만한 말입니다. 역시 지혜로운 솔로몬다운 말이었습니다.

그런데 그 솔로몬의 배후에서 그런 지혜를 주신 분이 하나님이라는 것을 아십니까?(왕상 3:11-13) 솔로몬이 하나님께 구(기도)한 것이 물질이 아닌 지혜였습니다. 지혜를 구한 솔로몬에게 하나님께서는 지혜뿐만 아니라 세상 부귀영화를 누리게 해주셨습니다. 그러나 그는 그것 또한 헛되고 헛된 것임을 고백했습니다(전 1:1-3). 그렇습니다. 모든 것이 헛된 것입니다. 배설물입니다(빌 3:8). 모든 것이 지나갑니다.

지금 만나고 있는 문제도 지나갑니다. 지금 누리고 있는 것도 지나갑니다. 이 세상에 태어난 자기 자신도 지나갑니다(죽습니다). 이 세상도 지나갑니다(계 21:1). 그러나 새로운 피조물(새사람)이 되는 방법이 있고(행 2:38, 고후 5:17), 새 하늘과 새 땅(천국)에서의 영원한 삶을 누릴 수 있는 방법이 있습니다(계 21:1, 벧후 3:13). 정말 사랑하며 사는 방법이 있습니다. "예수가 그리스도라는 것을 믿으라" 는 말씀에 순종하면 됩니다.

예수가 그리스도라는 말은 예수께서 십자가 사건(피)을 통해 선 악과 사건이 터진 동네(세상)에서 헛된 삶, 허무한 삶, 사라지는 삶 (영원하지 못한 삶), 염려하고 속상해하며 원망, 불평, 신경질, 짜증나 는 지옥 같은 삶을 살다가 죽어 진짜 지옥으로 갈 수밖에 없는 우 리들을 새사람으로 거듭나게 하셔서 임마누엘 동산(새 하늘과 새 땅) 으로 옮겨 주신 구원의 하나님(구세주=메시아=그리스도)이라는 말입 니다.

그러기에 "예수가 그리스도라는 것을 믿으라"는 말씀에 순종하 면 새사람이 되고, 새 하늘과 새 땅에서의 영원한 삶, 즉 임마누엘 인(그리스도인)이 되고 임마누엘 동산의 삶을 살게 됩니다. 지금부 터 영원히 입니다(찬 438장). 이렇게 되는 일이 실제로 일어나기 때 문에 허무하지 않은 것입니다. 만약에 모든 것이 헛된 것이고, 지 나갈 것이라면 얼마나 허무하겠습니까? 모든 것이 다 지나가고 말 것이라면 말입니다.

선악과 사건이 터진 동네(세상) 사람들은 그렇게 허무할 수밖에 없습니다. 그런데도 그 허무를 향해 열심히 달립니다. 바람을 잡 으려는 것과 같은 인생인데 그 바람(세상 지식, 돈, 명예, 승진, 권력 등 세 상 것들)을 잡으려고 애를 씁니다. 목숨을 겁니다(전 2:11). 그러다 목 숨을 잃습니다. 죽는다는 말입니다. 지나간다는 말입니다. 사라진다는 말입니다.

사라지면 어디로 갈까요? 지옥으로! 조물주이신 예수님께서 피조물인 인간(죄인)들에게 매를 맞고 십자가에 달려 죽기까지 하신 그 사랑(화목제물)을 모르기 때문에(요일 4:8-11) 사랑다운 사랑을 해보지도 못하고 지옥 같은 삶을 살다가 진짜 지옥으로 갑니다.

이런 내용을 말해줘도 거부하게 되면 계속해서 명리학이나, 주역이나 공자 사상, 석가모니 사상 등 세상 지식이나 귀신들린 점쟁이들 얘기에 귀를 기울이게 되고 또한 먹고, 싸고, 자고, 놀고, 일하고, 암수 짝을 지어 새끼 낳고, 살아가는 방법 교육하고, 우두머리 세우고, 영역(나라) 만들어 놓고 누군가가 쳐들어오면 싸우고 죽이는 짐승 같은 삶을 살다가 지옥으로 가게 됩니다(벧후 2:12).

선악과 사건 때부터 어둠속에 처박혀 아무것도 모른 채, 영적으로 완전 흐리멍덩한 상태에서 그렇게 살아서야 되겠습니까? 얼른 깨어나야 하지 않겠습니까? 깨어날 수 있는 방법도 예수가 그리스도(선악과 사건 때부터 잠자고 있는 영혼을 깨어나게 해주신 구세주)라는 것을 믿고 영접하라는 말씀에 순종하면 됩니다. 즉 마음속에 그분을 모셔 들이면 깨어나게 됩니다. 자기가 해보면 압니다. 이런 얘기가 무슨 얘기인지 자세히 알게 됩니다.

육(세상)적으로 말해서 지금 잠을 자고 있는 사람이 있다고 합시다. 그러면 그 사람이 자기 집안에서 벌어지고 있는 일이나 얘기들을, 세상에서 일어나는 일들과 그런 얘기들을 알 수 있겠습니까? 누가 와서 자기 물건을 가지고 가도 모릅니다. 완전 잠에 빠져 있다면 그 사람을 업고 가도 모르듯이 영적으로도 마찬가지입니다.

지금 세상(선악과 사건이 터진 동네)에 많은 사람들이 영적으로 완전한 잠에 빠져 있습니다. 마귀가 귀신들린 점쟁이들과 명리학이나, 주역이나, 사상 등… 온갖 세상 것들을 통해 속이고 있는데 마귀가 그런 것들을 통해 인간들을 들어다 지옥불구덩이 속에 던지고 있는데 그런 줄도 모르고 속고 삽니다. 그런 것들이 대단하다는 생각까지 하고 열심히 쫓아갑니다. 하나님의 말씀인 율법을 따라가도 죽는데(롬 7:10)…. 그러기에 "예수가 그리스도라"는 것을 믿으라는 말씀에 순종해야 합니다.

깨어나서도 계속 "예수가 그리스도라는 것을 믿으라"는 말씀에 순종해야 합니다. 아직 몸이 썩어지지 않아서 선악과 사건이 터진 동네(세상)에 발을 딛고 있기에 마귀에게 속기 쉬우니까, 즉 문제들이 문제들로 보여 또 다시 염려하고 속상해하고 원망, 불평, 신경질, 짜증나는 지옥 같은 삶을 살게 되기에 예수가 그리스도라는 것을, 즉 예수가 선악과 사건으로 인한 죽음문제를 비롯한 이런저런 인생의 모든 문제를 해결해 주신 구세주(메시아=답 그 자체)라는 것을 가슴속에 꼭 새겨야 합니다.

다윗 왕이 반지에 "이것 또한 곧 지나가리라"라고 새겨놓고 자기 자신을 다스렸던 것보다 더한 글귀를 자기 영혼에 새겨야 합니다. 그 글귀가 "예수가 그리스도다"입니다. 지혜로운 자였던 솔로 몬보다 더한 지혜 본체이신 하나님께서 주신 이 글귀를 영혼의 손 가락의 반지에 새겨 놓고 24시간 묵상(기도)하고, 노래(찬송)하고, 전하기(전도) 바랍니다. 이 글귀를 자기 영혼에 새긴 자만큼 행복 한 사람은 이 지구상에 있을 수 없습니다.

그러기에 절대로 허무할 수 없습니다. 너무나 자유하고, 너무나 기쁘고, 너무나 평안하고, 너무나 즐겁고, 너무나 신나서 자기에 게 주어진 시간과 물질과 몸을 사람 살리는 일에 쓰게 됩니다. 정 말 사랑으로 사랑하며 살게 됩니다. 부부일 경우에는 진짜 선악과 사건이 터지기 전의 아담, 하와처럼 서로가 서로를 자기 살과 뼈 로 여기며 진하게 사랑하며 행복하게 살게 됩니다. 청년들은 이런 내용을 아는 사람과 짝을 지어 진짜 행복한 삶을 살기 바랍니다.

예수가 나의 그리스도이시니 내게 더 이상 문제될 것도, 더 이 상 부족함도 없기에 그저 룰루랄라하며 신나게 멋지게 살기에 행 복한 삶입니다(시 23:1). 세상 지식, 세상 사상, 세상 종교, 또는 돈, 명예, 승진, 권력 등 세상의 그 어떤 것들로도 이런 행복을 누릴 수 없습니다. 다윗 왕의 반지에 새겨진 그런 말로도 이런 행복을 누 릴 수 없습니다. 오직 "예수가 나의 그리스도"라는 이것 하나로! 오직 24시간 예수! 오직 24시간 믿음! 이것 하나로 하나님께서 주 시는 이런 엄청난 복을 누릴 수 있습니다. 샬롬!

20
로자 파크스의 작은 일이 큰 변화를 가져왔듯이

미국 앨라배마 주에 살고 있던 로자 파크스라는 흑인 여성이 퇴근하여 버스를 탔다. 잠시 후 백인이 버스에 오르자 기사는 그녀에게 자리를 양보하라고 지시했다. 그러나 그녀는 거부했고 그로 인해 체포되어 재판에 넘겨졌다. 1955년 12월 1일(목)에 있었던 일이다. 그날 그녀 혼자 그렇게 할 때는 아주 작은 일(힘)이었으나 결국 많은 사람들의 공감을 불러 일으켜 흑인 인권운동의 전환점이 되었다. 이 내용은 안철수 서울대 융합과학기술대학원장이 서울시장 선거에 출마한 박원순씨를 응원하기 위해 꺼낸 말입니다.

1870년 흑인에게 법적 참정권이 주어졌으나 그로부터 85년이 지난 후에야 흑인이 백인과 함께 버스를 탈 수 있게 되었고, 그것도 흑인은 백인에게 자리를 양보해야만 했습니다. 그날 그녀가 한 일은 그냥 지나칠 수도 있는 아주 작은 일이었지만 결국 흑인 인권운동의 전환점이 되었고, 그로 인해 흑인인 오바마가 대통령이 되어 미국을, 아니 세계를 움직였습니다.

물론 복음을 가진 링컨 대통령에 의해 흑인노예들이 해방됐지만 그 얘기까지 하면 글이 길어지니까 그만하고 하여튼 그녀의 그 작은 결단, 그 작은 행동이 미국을 그만큼 변하게 했다는 말입니다. 그렇다면 우리는 어떤 일을 해야겠습니까? 우리는 사람 낚는 어부들이기에 사람을 낚는 일에 최선을 다해야 합니다(마 4:19).

즉 우리는 복음을 전해줘서 세상 것들이나 세상 사상에 빠져 죽어 가는 사람들을, 한마디로 선악과 사건이 터진 동네(죽음문제를 비롯한 이런저런 문제들을 시간표에 따라 만날 수밖에 없는 세상)의 사람들을 임마누엘 동산(그리스도 안=천국)으로 건져내는 사람들이기에 복음 전하는 일에 최선을 다해야 하는 것입니다.

세상 사람들 눈에는 우리가 가진 것이 없고 배운 것 없는 부족한 사람으로 보일지 모르지만, 사실 우리는 저들과 비교할 수 없을 만큼 많이 가졌고(영생은 물론 천국을 비롯한 하나님의 모든 보화를 가졌고), 저들이 알지 못하는 어마어마한 내용들을 알고 있고(인간이 어떤 존재인지, 죄와 죽음문제를 비롯한 인생의 모든 문제의 원인이 뭔지, 문제들의 답은 뭔지 등등에 대한 영적인 내용들을 알고 있기에) 참 자유인이요(고전 9:1), 왕 같은 제사장이요(벧전 2:9), 천국시민이요(빌 3:20), 천국대사요(고후 5:20), 사람 낚는 어부이기에(마4:19) 저들보다 더 당당할 수밖에 없는 것입니다.

2,000년 전 사람들 보기에는 가진 것 없고 무식했던 베드로가

하루하루 물고기나 잡아먹고 살던 세상적(육적)인 어부였던 베드로가 예수가 그리스도라는 것을 알고 난후 왕 같은 제사장(영적인 어부=사람 낚는 어부)이 되어 많은 사람(영혼)들 앞에서 당당하게 복음을 전했던 것처럼 말입니다.

예수님의 십자가 사건과 부활 사건이 터지고, 연이어 성령 강림 사건이 터진 후, 그 성령의 도우심으로 당시 예루살렘에 모여 있던 수많은 사람들을 향해 그 무식하고 부족함이 많았던 베드로가 담대하게 "예수가 그리스도라는 것을 믿으라"는 말씀에 순종하라"고 외쳐 그날만 해도 3,000명이나 낚아 올리는 놀라운 일이 있었기에 하는 말입니다(행 2:14-41).

솔로몬 왕처럼 세상 온갖 부귀영화를 다 누리고 살았다 해도 헛되고 헛된 삶인데, 허무의 삶인데(전 1:2), 자고새와 같은 어리석은 삶인데(렘 17:11), 자고새 같이 어리석은 삶을 살다가 지옥으로 갈 수밖에 없는 죄인이었던 베드로가, 그리고 베드로와 같았던 우리들도 사람 낚는 어부가 되어 이런 엄청난 일을 하게 되었으니 얼마나 영광스런 일입니까. 문제들에게, 사람들에게 낚이는 인간(죄인)을 사람 낚는 어부로 거듭나게 해주신 하나님께 감사해서 사람 낚는 일을 안 할 수가 없는 것입니다.

아직도 이 더러운 물속(세상)에는 썩어 없어질 돈, 명예, 승진, 권력, 세상지식과 세상 사상들을, 한마디로 땅(세상)의 것들을 더 많이 움켜잡으려고, 그렇게 해서 솔로몬 왕처럼 살아보겠다고 몸부림을 치는 물고기(사람=죄인)들이 너무나 많습니다. 그들은 자기 영혼에 관심도 없고, 이런 영적인 내용에 대해 무지한 상태에서 그 냥 하루하루 물고기(세상 것들)나 잡아먹으면 되는 줄 알고 한마디 로 경제문제만 해결하면 되는 줄 알고 그 일에 매달리다가 죽어 가고 있습니다.

그들에게 우리들이 복음("예수가 그리스도라는 것을 믿으라"는 말씀에 순 종하면 선악과 사건이 터진 동네에서 임마누엘 동산으로 건져진다는 하나님의 말씀 =새 언약)을 통해 건져내주려고 하는데도 관심조차 없는 사람도 있 고, 이렇게 전해주는 우리들을 향해 욕하는 사람들도 있습니다. 어둠속에 빠져 있다는 증거입니다. 선악과 사건 때부터 어둠 덩어 리인 마귀와 함께 하고 있기 때문에 그럴 수밖에 없는 것입니다.

그런 어둠덩어리인 인간들에게 참 빛(예수)이 임했는데도 임한 줄도 모르고(요 1:5, 9) 알아도 그럴 리가 없다며 받아들이지 않음으 로 계속 어둠속에서의 삶인 것입니다. 그렇게 어둠속에 살기에 어 둠속의 것들만 챙기고, 어둠속의 얘기들만 하는 것입니다. 그러다 진짜 어둠속(지옥)으로 가게 되는데 말입니다. 그런 삶에서 벗어날 수 있는 이런 얘기를 해줘도 사람들이 현세(現世)의 현실(現實)이 더 중요하다고 듣지 않고 가버립니다.

'복음 속에 현세와 내세의 복이 다 들어 있는데…'그래서 하나 님께서 먼저 복음에 순종하라고 하신 것인데… 그리하면 현실의 복도 받게 된다고, 받되 백배로 받게 된다고 하셨는데(마 6:33, 막 10:29-30), 영혼이 먼저 잘 돼야 범사(凡事)가 잘된다고 하셨는데(요 삼 1:2), 인간들이 그런 줄도 모르고 자기 생각, 세상적인 방법만을 고집하며 달려갑니다. 그래봤자 자고새와 같은 신세가 되고 마는데, 영혼을 가진 존재이기에 지옥까지 가게 되는데, 우리는 이런 무지한 사람들을 임마누엘 동산으로 건져내는 위대한 존재들입니다.

진정한 인권운동도 복음으로만 가능합니다. 링컨도 복음을 가지고 있었기에 흑인노예들을 해방시켜 주었던 것입니다. 그러기에 로자 파크스라는 흑인 여성이 그렇게 한 것만 보고 대단하다고 여기지 말고, 복음 전하는 우리들이 더 위대한 일을 하는 위대한 존재라는 것을 알기 바랍니다. 이 일을 하는 사람보다 위대한 사람, 아름다운 사람, 귀한 사람, 선한 사람은 없습니다. 하나님께 칭찬받고 상급까지 받게 됩니다(계 22:12).

로자 파크스처럼 운전기사의 말에 불순종하여 흑인들의 인권이 이만큼 됐다는 것을 알고 우리는 마귀의 말(속삭임)에 불순종해야 합니다. 그래야 자기 영혼에 혁명이 일어납니다. 무슨 말이냐 하면 하나님께서는 죄 문제를 비롯한 인생의 모든 문제들의 답이 '예수'라고 말씀하시는데, 증거까지 보여 주셨는데, 그게 십자가 사건인데, 그런데도 마귀는 문제들의 답이 '예수'가 아니라고 속삭입니다. 그리고는 각종 종교행위를 하게 합니다. 도덕이나 율법이나, 말과 뜻과 행실을 깨끗하고 착하게 해야만 된다고 속삭입니다.

그런 것들을 따라가면(그런 말에 순종하면) 사망인데, 지옥인데(롬 7:10) 그것들이 에덴동산의 선악과처럼 너무나 좋아 보이고 그럴 듯하기에 사람들이 잘 속습니다. 마귀의 속삭임(말)에 속지 말기 바랍니다. 그런 말에는 불순종하고 하나님의 말씀(복음=예수가 그리스도라는 것을 믿으라는 말씀)에 순종해야 합니다. 그리하면 하나님께서 주시는 평화가 반드시 자기에게 임합니다. 그래서 "평화~ 평화로다~ 하늘 위에서 내려오네~"라고 노래하게 됩니다(찬 412장).

지금도 어떤 문제가 있다면 그 문제의 답이 '예수'라고 말씀하시는 하나님의 말씀에 순종하기 바랍니다. 그리하면 반드시 하나님께서 주시는 평화가 임합니다. 그러나 불순종하면 그 문제 때문에 계속 마음이 우울하고 어둡게 됩니다. 하나님의 말씀(복음)에 순종하지 않으면 그건 곧 마귀의 말에 순종한 상태가 된다는 것을 알고 어쩌든지 복음에 생명 걸고 순종하기 바랍니다.

"예수가 그리스도라는 것을 믿으라"는 말씀에 대한 순종과 불순종은 천국을 누리느냐, 못 누리느냐가 달려있는 엄청난 행위입니다. 그 어디서나 늘 하늘나라를 누리고 싶습니까? 그렇다면 "예수가 그리스도라는 것을 믿으라"는 말씀에 늘 순종하기 바랍니다. 그런 상태에서 복음을 전하는(사람을 낚는) 것입니다.

그리스도인인 우리들에게 낚이는 사람은 천국 바구니에 담기게 되기에 하나님도 기뻐하시고, 낚여 올라오는 것을 보는 우리들도 기쁩니다. 강이나 바다에서 물고기를 낚아 올리는 것과는 비교할 수 없는 기쁨입니다. 우리들이 하는 일이 한국뿐만 아니라 세상을 변하게 하는 위대한 일입니다. 그러므로 최선을 다합시다. 샬롬!

복음은 쉽고, 능력은 크다

-2부-

21

고구마 식사 (내 영혼의 고구마)

　대만의 진견진 씨가 결혼 후 심장병, 위장질환, 간질환, 신장병, 손발이 마비되는 증상 등으로 고생하다가 고구마 식사를 통해 치유가 되었다는 것을, 그리고 자신뿐만 아니라 병원에서조차 돌려보낸 중증 환자들이 치유되는 것을 보고 고구마 자랑을 한 책이 '고구마가 내 몸을 살린다'입니다. 의사가 뚜렷한 병명을 제시하지 못한 경우나 또는 무슨 질병인지 알고 치료를 열심히 해도 나아질 기미가 보이지 않는 만성질환인 경우라면 고구마 식사를 해보라는 것입니다. 돈이 많이 드는 비싼 건강보조식품이나 약에 의존하지 않고도 스스로 건강해질 수 있기 때문입니다.

　이렇게 하나님께서 주신 것들을 그대로 먹기만 하면 건강하게 살 수 있는데 인간들이 인간들의 생각, 인간들의 방법으로 식생활을 하다가 망가집니다. 하나님께서는 인간의 몸을 흙으로 만드셨기에 흙에서 나는 고구마뿐만 아니라, 그것도 맛과 향과 색깔과 모양까지 다르게 해서 인간들이 질리지 않도록 여러 가지 과일과 야채를 주셨습니다.

인간들이 제철에 나는 야채와 과일을 주신 그대로 먹으면 되는데 비닐하우스까지 만들어 제철 농작물이 아닌 것들을 키워내고 있으니, 거기다가 인간의 생각을 보태서 기름에 지지고 볶고 태워서 먹는 바람에 흙인 몸이 시들고 병드는 것입니다. 흙에서 나는 것들을 흙인 몸에 그대로 넣어(먹어)주면 좋을 텐데 하나님께서 인간의 몸을 흙으로 만들었다는 사실을 모르기 때문에 식생활도 엉터리로 하는 것입니다. 그래서 하나님의 말씀을 듣는 것이 너무나도 중요합니다. 일단 고구마 얘기를 좀 더 하겠습니다.

고구마는 전분을 포함한 모든 양분을 함유하고 있습니다. 또한 섬유질이 풍부하여 배변과 대사 그리고 미세혈관에 있는 모든 노폐물을 청소하는데 도움이 되고 칼슘의 손실을 방지하고 근육을 단단하게 하며 호르몬을 전환시키는 효능을 가지고 있습니다. 진견진 씨가 병든 자기 몸을 살려보려고 동·서양의학, 민간요법을 모두 섭렵한 후 고구마가 좋다는 것을 알았고, 알고 난 후 실천(고구마 식사)함으로 병든 몸이 건강해졌음을 경험했기에 고구마를 자랑하게 된 것입니다. 그리고 오후에 먹는 것 보다 아침 6~7시 사이에 먹는 것이 좋다는 것과 고구마 1개, 밥 반 공기, 사과 반쪽, 야채 두서너 가지 정도면 충분하다고 합니다. 고구마는 특히 항암 효과가 뛰어난 음식일 뿐만 아니라 체내 독소와 배변활동에 너무나 좋은 음식이기에 반드시 껍질째 먹는 것이 좋다고 합니다.

흙으로 만들어진 몸에도 이렇게 하나님께서 주신 그대로 먹으면 좋은 것처럼 영혼에도 하나님께서 주신 것을 먹어야 합니다. 흙으로 만들어진 몸에는 흙에서 나는 것을 먹으면 되지만 영혼은 땅의 것으로는 살릴 수 없습니다. 물론 돈, 명예, 권력, 또는 도덕이나 율법이나 공자, 석가 사상 등 그런 세상 것들로도 살릴 수 없습니다. 하나님께서 주신 하늘의 것을 먹어야 합니다. 그래서 이것을 영혼의 양식, 또는 영혼의 '생명의 양식'이라고 합니다.

눈(육안)에 보이는 육신(몸)의 생명에 필요한 양식(음식)이 있음을 통해 눈에 보이지 않는 영혼의 생명에 필요한 양식도 있음도 생각해보면 알 수 있습니다. 보이는 것은 보이지 않는 것을 깨닫게, 바라보게 해주는 그림자이기에 보이는 것보다 보이지 않는 것이 진짜요, 실상이라는 것을 알기 바랍니다. 이것 하나 제대로 깨닫지 못하면 땅의 것, 세상 것이 진짜요, 실상인줄 알고 더 많이 붙잡으려고, 더 높이 올라가려고 애쓰다가 하나님께서 가르쳐 주신 사랑도 제대로 해보지 못하고 지치고 병들어 죽습니다. 그리고 지옥에서 영원히 고통당합니다(마 18:9, 23:33, 25:46, 막 9:43-49).

그러기에 자기 자신의 껍데기인 육신(몸)에만 신경 쓰지 말고 알맹이인 영혼에 관심을 가져야 합니다. 하나님께서 주신 생명의 양식으로 선악과 사건(죄)으로 인해 죽은 영혼을 살려놔야 합니다. 이걸 살려 놓지 않으면 몸도 새 몸을 입지 못하고 천국에서 영생(永生)을 누리지 못합니다. 그러기에 영혼을 먼저 살려놓지 않으면 인생은 말짱 '꽝'입니다. 헛되고 헛된 것입니다(전 1:2-3).

고구마는, 즉 땅의 것들은 우리에게 영생(永生)을 주지 못하지만 하늘(하나님)로부터 주어진 '생명의 양식'은 영생을 줍니다. 그것이 뭘까요? 그게 바로 '예수'입니다(요 6:48-58). 그분께서 십자가에서 살이 찢기고 피를 흘리신 것은 우리의 영혼을 살리시기 위함이었습니다. 그러기에 예수가 우리 영혼에 생명의 양식, 즉 구세주(메시아=그리스도)입니다.

예수가 이렇게 우리 영혼의 생명의 떡이요, 생명의 물(그리스도)이라는 것을 믿고 받아들이면(영접하면) 됩니다. 영접하는 순간 먹고 마신 상태가 되며, 그 증거로 성령하나님께서 자기 마음속에, 영혼 깊은 곳에 임하십니다. 내가 이렇게 영적인 것을 말하고 있는 것 자체가 성령이 임한 증거입니다.

나는 원래 이런 사람이 아니었습니다. 아무 것도 모르는 바보였습니다. 그저 돈, 명예, 권력, 세상지식, 세상 사상들을 더 많이 움켜잡으려고 몸부림을 치고 살았던 사람입니다. 그런 세상 것들이 영적인 것의 그림자라는 것도 모르고, 그런 것들이 배설물(똥)이라는 것도 모르고, 그게 허무 그 자체라는 것도 모르고 살았던 사람입니다. 사랑이 뭔지도 모르고 사랑이라는 말을 하고 살았던 사람입니다. 그런데 어찌 내가 이런 엄청난 것을 알고 말하고 있겠습니까? 성령께서 함께 하심으로 이렇게 된 것입니다.

2,000년 전에 물고기나 잡아먹고 살았던 무식했던 베드로도 성경에 이름을 남길 정도로 위대한 전도자로 살았던 것은 그에게 성령이 임했기 때문이듯이, 오늘날 나를 비롯한 많은 사람(그리스도인)들이 이런 내용을 알고 왕 같은 제사장으로, 위대한 전도자로 살게 된 것은 성령이 임했기 때문이라는 말입니다. 그러기에 예

수가 그리스도라는 것을 믿고 영접하는 것이 그렇게 중요한 것입니다.

영접하는 순간 죄 사함 받고 성령을 받게 됩니다(행 2:38). 선악과 사건으로 인해 죽었던 영혼이 살아나게 됩니다. 새로운 피조물로 거듭나게 됩니다(고후 5:17). 죄와 죽음문제를 비롯한 인생의 모든 문제에서 해방된 참 자유인으로, 영생은 물론 천국을 비롯한 하나님의 모든 보화를 소유한 천국백성으로서 그 어디서나 하늘나라를 누리게 됩니다(찬 438장).

몸이 아직 썩어지지 않아서 이 세상에 발을 딛고 있지만 속사람(영혼)은 이미 새사람이 되어 새 나라(임마누엘 동산=그리스도 안)에 들어와 버렸기에 자기가 이미 그런 사람이라는 것을 알고 세상을 살아갑니다. 세상에 발을 딛고 있는 그 순간까지 주어진 시간과 물질과 몸을 사람 살리는 일에 던져놓고 삽니다. 이것이 이웃을, 민족을, 인류를 사랑하는 아름다운 삶, 행복한 삶입니다.

이렇게 사랑으로 행복한 삶을 살라고 예수님께서 그 엄청난 십자가 사건을 당하기까지 하신 것인데 세상에 태어난 우리가 그런 삶을 살지 못한다면 그 엄청난 십자가 사건을 헛된 사건으로 만들어버리는 것이 되고 맙니다. 절대로 헛된 사건이 되게 해서는 안 됩니다. 그러기에 늘 "예수가 그리스도라는 것을 믿으라"는 말씀에는 순종해야 합니다. 다른 것은 못해도, 도덕이나 율법대로는 완벽하게 살지 못해도 "예수가 그리스도라는 것을 믿으라"는 말씀(복음=믿음의 법)에는 순종하여 하나님께서 챙겨주신 사랑과 행복을 맘껏 누리기 바랍니다.

이것저것 다 있어도 사랑이 없으면 '꽝'이요, 허무입니다. 사랑이 없으면 고구마가 무슨 의미가 있겠습니까?(고전 13:1-3). 고구마를 먹어서 건강해져 좋은 대학, 좋은 직장, 아니 솔로몬 왕처럼 세상 온갖 부귀영화를 다 누린다 한들 무슨 의미가 있겠습니까? 그런 삶은 육신의 생명을 연장하기 위함일 뿐입니다. 그런 삶은 그저 먹고, 싸고, 놀고, 일하고, 암수 짝지어 관계하고 새끼 낳고, 살아가는 방법 교육시키고, 영역(나라) 만들어 쳐들어오면 싸우고 죽고 마는 짐승 같은 삶일 뿐입니다(벧후2:12).

육적인 고구마를 통해 영적인 고구마가 뭔지 알았을 것입니다. 우리 영혼의 고구마가 바로 '예수'라는 것을 알기만 해서는 안 되고 그것을 마음속에 받아들여야 하고, 그렇다면 그 고구마를 먹은 사람답게, 즉 죄, 마귀, 죽음, 지옥문제를 비롯한 이런저런 인생의 모든 문제에서 해방된, 즉 졸업한 졸업생답게, 하나님을 다시 만나 하나님의 모든 것을 소유한 천국백성답게, 그러기에 더 이상 문제 될 것도 없고, 더 이상 부족함도 없는 존재라는 것을 알고 그런 존재답게 룰루랄라 하며 하나님께서 가르쳐 주신 사랑으로 사랑하며 멋지게 살기 바랍니다(고전 13:13). 샬롬!

22

헝클어진 실타래

헝클어진 실타래를 본적이 있습니까?

어린 시절 연을 만들어 바람에 띄워 봤던 사람이라면 한번쯤 실이 헝클어져 곤란을 겪은 일이 있을 것입니다. 장롱 안에 있는 반 진고리의 실타래를 가지고 집밖으로 나가서 연을 날리다가 실이 헝클어지는 바람에 꾸중을 들은 적도 있을 것입니다. 헝클어진 실타래의 실을 다시 사용하기란 보통 어려운 것이 아닙니다.

실오라기를 잡고 이쪽으로 잡아당기면 풀릴 것 같아 잡아당겨 봐도, 저쪽으로 잡아당기면 풀릴 것 같아 잡아당겨 봐도 풀리지 않을 때 갑갑해집니다. 신경질, 짜증이 나게 되고 결국 헝클어진 실타래를 아궁이 속으로 던져버립니다.

헝클어진 실타래는 그렇게 사람을 고생만 시키고 결국에는 아궁이에 던져지듯이 영적으로도 마찬가지입니다. 즉 우리네 인생이 선악과 사건(죄)으로 인해 헝클어진 실타래와 같다는 말이고 그래서 잘 안 풀린다는 말입니다. 헝클어진 실타래와 같은 인생이라서 어디서부터 손을 봐야 될지 모를 정도입니다. 이렇게 하면(살면) 되는 것 같아 이렇게 해(살아)봐도, 저렇게 하면(살면) 될 것 같아 저렇게 해봐도(살아봐도), 뭔가 될 듯 될 듯 하면서도 안 되고 뭔가 풀릴 듯, 풀릴 듯 하면서도 안 풀립니다. 그러다보면 어느 날 죽게 되고 결국 아궁이 불(지옥 불)속에 던져지고 맙니다.

도대체 인간은 어떤 존재이며, 또한 어떻게 살다가 가는 것이 참다운 인생일까? 그저 이렇게 먹고, 싸고, 자고, 놀고, 일하고, 암수 짝을 지어 새끼 낳고, 살아가는 방법 교육하고, 영역 만들어 누군가 쳐들어오면 싸우고 죽어가는 것이 인생일까? 이런 삶은 짐승들의 삶인데(벧후 2:12)… 그리고 왜 죄, 마귀, 죽음, 지옥 문제를 비롯한 이런저런 수많은 문제들을 만나게 되는 걸까? 어떻게 하면 그런 삶에서 벗어날 수 있을까? 도대체 언제, 어디서부터 헝클어졌기에 이 모양일까?

그렇게 깊은 고민을 하다보면, 하나님 앞에서 고민하고 기도하다보면 왜 그런지를 알게 됩니다. 나도 그런 시간이 있었기에 이렇게 알게 된 것이고 그래서 이런 말을 하고 있는 것입니다. 왜 인생이 헝클어진 실타래와 같이 돼버렸느냐면 바로 선악과 사건(죄, 창 3:1-6) 때문입니다. 그 사건으로 인해 인생이 헝클어질 대로 헝클어져 버린, 헝클어진 실타래보다 더 헝클어져 버린 것입니다.

그래서 사는 동안 헝클어진 실타래와 같은 삶(지옥 같은 삶)을 살다가 진짜 지옥 불구덩이 속에 던져지는 것입니다. 그렇다는 것을 알았다면 이제 어떻게 해야 헝클어진 실타래를 풀 수 있겠습니까? 우리 힘으로는, 우리의 그 어떤 방법으로도 안 됩니다. 즉 도덕이나 율법이나 세상 사상이나 고행이 수반된 종교행위를 죽을 때까지 열심히 해도 자기 자신을 제물로 바치는 행위를 해도 안 됩니다(롬 3:27). 그러다가는 안 해도 될 고생까지 하다가 사망에 이르게 됩니다(롬 7:10).

그런데 되는 방법이 있습니다.

예수가 그리스도라는 것을 믿고 영접하면 됩니다(롬 3:27, 요 1:12, 롬 10:9-10). 그리하면 선악과 사건 때부터 헝클어진 실타래의 인생이 풀립니다. 만사형통하게 됩니다(신 29:9, 찬 384장). 죄, 마귀, 죽음, 지옥 문제를 비롯한 인생의 모든 문제에서 해방되어 자유케 되고, 하나님을 다시 만나 천국을 비롯한 하나님의 모든 보화를 소유하게 되고 그 어디서나 하늘나라를 누리게 됩니다(찬 438장). 그러므로 더 이상 문제 될 것도 없고, 더 이상 부족함도 없게 해주신 하나님을 찬송하게 됩니다(시 23:1, 합 3:17-19).

또한 인간은 세상의 피조물들과는 다른 하나님의 형상을 입은 존재(창 1:26-28)라는 것과 마귀와 문제들을, 한마디로 온 세상을 자근자근 밟고 사는, 이기는 존재라는 것을 알게 됩니다(요일 5:4-5, 찬 357장). 또한 예수가 그리스도라는 것을 노래하며 전하는 것이 참 인생이며, 상급까지 받게 되는 일임을 알게 됩니다(사 43:21, 계 22:12).

문제만 만나면 염려하고 속상해하며 원망, 불평, 신경질, 짜증 나는 지옥 같은 삶(헝클어진 실타래와 같은 인생)을 살던 내(우리)가, 그러다가 정신적으로나 육신적으로 더 지치고 병들어 죽어 진짜 지옥으로 갈 수밖에 없는 내가, 이제 그런 것들을 자근자근 밟고 정복하고 다니는 사람이 되었으니 이게 얼마나 엄청난 복인지 말로 다 형용할 수 없습니다. 너무나 자유하고, 너무나 기쁘고, 너무나 평안해서, 한 마디로 너무나 행복해서 말로 다 형용할 수 없습니다.

이렇게 행복한 삶을 살게 해주신 분이 계십니다. 그 분이 바로 '예수'입니다. 그렇게 해주신 증거가 있습니다. 그게 '십자가 사건(피)'입니다. 예수께서 십자가 사건(피)을 통해 선악과 사건(죄)에 빠져 지옥 같은 삶(헝클어진 실타래와 같은 인생)을 살다가 진짜 지옥불 구덩이 속에 처박힐 수밖에 없는 우리를 건져내(구원)주셨습니다. 그 엄청난 십자가 사건을 통해 우리를 건져내 주셨기에 우리가 그 분을 뭐라고 불러야 하겠습니까? 그렇습니다. 구세주(구원의 하나님 =메시아=그리스도)라고 부를 수밖에 없는 것입니다.

하나님아버지께서는 "예수가 그리스도라는 것을 믿으라"고 하셨습니다(요 6:29). 그것이 그분이 시키신 일입니다. 예수가 그리스도라는 것을 믿으면 죄 사함 받고 성령을 받게 된다는, 헝클어진 실타래의 인생이 풀리는 인생으로 역전 된다는, 만사불통의 삶이 만사형통의 삶이 된다는(신 29:9, 찬 384장) 법을 주셨습니다. 그게 믿음의 법입니다(롬 3:27). 그 법을 지키는 자는 앞에서 말한 그런 어마어마한 일이 일어납니다.

그러기에 영혼에 혁명이 일어났다고 말하게 되는 것입니다.
"예수가 그리스도라는 것을 믿으라"는 말씀에 순종해보면 그렇
다는 것을 자기가 압니다. 그러기 전까지는 모릅니다. 그러기 전
까지는 헝클어진 실타래와 같은 인생을 살 수밖에 없습니다.

그리고 어린 시절의 나는 헝클어진 실타래의 실을 풀 수 없어
갑갑하고 화가 나서 아궁이 불속에 던져버리기도 했지만 때로는
어머니께서 풀어주시기도 해서 다시 연을 날리기도 했었습니다
그러니까 헝클어진 실타래라 할지라도 그것을 풀어 실꾸리에 감
으면 다시 사용할 수 있는 것처럼 나는 헝클어진 내 인생을 풀 수
없으나 하나님아버지께서는 그걸 풀어 주셨습니다. 누구를 통해?
예수님을 통해! 무슨 사건을 통해? 예수님의 십자가 사건을 통해!
그 엄청난 십자가 사건을 통해 헝클어진 인생을 풀어주시고 실
꾸리에 감아 주셨으니 얼마나 감사한지 말로 다 형용할 수 없습
니다.

선악과 사건으로 인해 헝클어진 내 인생을 예수님께서 풀어 실
꾸리에 감아 다시 사용하고 계십니다. 나는 하나님의 일에 쓰임을
받고 있기에 하는 말입니다. 그분께서 나를 왕 같은 제사장(전도자,
벧전 2:9), 사람 낚는 어부(전도자, 마 4:19)가 되게 하셨기에 말입니다.
참으로 엄청난 직분, 참으로 영광스런 일에 쓰임을 받고 있는 것
입니다.

일국의 대통령이 그대를 불러서 장관자리에 앉혀주며 "같이 일을 하자"고 한다면 그대 마음은 어떨까요? "대통령과 함께 하게 되어 큰 영광입니다"라며 기쁜 마음으로 달려가서 일하게 되겠죠? 나도 마찬가지입니다. 만왕의 왕이신 하나님, 창조주이신 하나님, 헝클어진 내 인생을 풀어 만사형통의 삶을 살게 하신 하나님께서 나를 불러내어 "나와 같이 사람 낚는 일을 하자"고 하시는데 내 마음이 어떤 마음이겠습니까? "만왕의 왕이신 하나님과 함께하게 되어 정말 큰 영광입니다"라고 말할 수밖에 없는 것이고 기쁜 마음으로 달려와 일할 수밖에 없는 것입니다.

너무나 영광스럽고, 너무나 감사해서 말로 다 형용할 수 없는 것입니다. 세상 것(세상 사상, 세상 지식, 돈, 승진, 명예, 권력 등)들만 낚는 어부로 살다가 죽어 지옥 불구덩이 속으로 들어갈 수밖에 없는 나를 사람 낚는 어부로 거듭나게 하셨으니 이걸 어떻게 말로 다 형용할 수 있겠습니까? 예수님께서 다시 오시는 그날까지 예수가 그리스도라는 것을 노래하며 전하는, 즉 사람 낚는 어부의 삶(천국의 일=하나님의 일)을 살 수밖에 없는 것입니다. 이것이 풀어진 인생, 참 인생입니다. 샬롬!

23
천일의 약속이 아닌 영원한 약속

몇 해 전 방영된 SBS TV 월화 드라마 '천일의 약속'의 한 장면 중에, 치매(알츠하이머)가 시작된 수애(서현 역)가 고모와 목욕을 가기로 약속한 후 집을 나섭니다. 서현이가 길을 잃어버릴까봐 김래원(지영 역)이 목욕탕까지 데려다준다 해도 괜찮다며 혼자 갑니다. 집을 나선 서현의 뒤를 지영이 따라 갑니다. 혹시라도 길을 잃어버릴까봐, 그리고 서현의 자존심을 건드리지 않으려고 몰래 먼발치에서 따라 갑니다.

지영은 서현을 그렇게 이 모양 저 모양으로 도와줍니다. 목욕 후에 집으로 돌아온 서현은 지영을 향해 짜증을 내며 "아까 왜 내 뒤를 따라 왔냐? 내가 모르는 줄 아냐? 왜 완전히 이상해진 사람으로 생각하고 못 믿어 주냐? 그러려면 자기 곁을 떠나라"고 화난 목소리로 소리를 버럭버럭 지릅니다.

그렇게 사랑해주고, 도와주면 고맙다고, 감사하다고 해야 될 텐데… 서현이 말대로 지영이 떠나가버리면 힘들 텐데… 나중엔 아무 기억도 못하고, 아무 데도 못 가고, 아무것도 못하게 될 텐데… 똥오줌도 제대로 못 가릴 텐데… 개고생 하다가 죽을 텐데 말입니다.

그런 장면을 보면서 내가 예전에 나를 사랑하시는 하나님께 그러고 있었다는 것이 보였습니다. 나뿐 아니라 세상 사람들이 하나님 앞에서 서현이처럼 그러고 있습니다. 지영이를 예수(구세주=메시아=그리스도)님으로 놓고 보고, 서현이는 선악과 사건이 터진 동네(세상)의 인간(죄인)들로 놓고 보면서 얘기를 더 들어보세요.

세상에 태어난 인간들이 죄인인 주제에, 그것도 그런 죄인들을 살리시려고 오신, 도와주시려고 오신, 우리와 함께하시려고 오신 그 구원의 하나님(구세주=메시아=그리스도)이신 예수님을 향해 신경질, 짜증내며 욕하고, "네가 무슨 그리스도냐"고, "네가 누구 길래 우리를 도와준단 말이냐"며, "너 같은 존재는 필요 없다"며 화를 내고, 소리를 버럭버럭 지르고, 침을 뱉고, 채찍으로 때리고 끝내 십자가에 매달아 죽여 버렸습니다. 정말 씻을 수 없는 엄청난 죄를 짓고 만 것입니다.

선악과 사건에 빠진 것도 큰 죄(하나님을 버리고 마귀를 따라나선 영적 간음죄)인데 구원의 하나님이신 예수를 그렇게 욕하고 때리고 죽이기까지 했으니… 그러나 그분은 사랑 그 자체라서 그런 인간(죄인)들이지만 자기(예수)를 구원의 하나님(구세주=메시아=그리스도)으로 믿고 영접하면 그런 죄까지도 용서해주시겠다고 하셨습니다.

과거, 현재, 미래의 그 어떤 죄 문제라도, 아니 이 지구에 있는 죄라는 죄를 몽땅 다 지었다 할지라도 용서해 주시겠다고, 선악과 사건(죄)으로 인한 죽음문제를 비롯한 이런저런 인생의 모든 문제들에서 해방되어 참 자유를 누리게 된다고, 또한 하나님을 다시 만나 천국을 비롯한 하나님의 모든 것을 소유한 천국백성, 천국대사, 하나님의 자녀, 왕 같은 제사장이 된다고 하셨습니다.

이런 엄청난 신분과 권세를, 참으로 엄청난 복을 누리려면 예수가 그리스도라는 것을 믿고 영접하면 됩니다. 도덕이나 율법이나, 말과 뜻(생각)과 행실을 깨끗하고 착하게 해야 그렇게 되는 게 아니라 비록 그렇게 살지 못했다 할지라도, 아니 예수님을 십자가에 못 박아 죽인 죄인이라 할지라도 예수가 그리스도라는 것을 믿고 영접하기만 하면 됩니다. 영접한 후에도 "예수가 그리스도라는 것을 믿으라"는 말씀에 늘 순종해야 합니다.

왜냐하면 우리의 속사람(영혼)은 이미 임마누엘 동산(그리스도 안)에 들어온 거듭난 새로운 피조물(새사람)이지만, 아담 안에서 태어난 우리 몸(몸 덩어리=육신=겉 사람)이 아직 썩어지지 않아서 이 세상(선악과 사건이 터진 동네)에 발을 딛고 있기 때문입니다. 세상에 발을 딛고 있는 그 몸 덩어리가 진짜 자기가 아니라 그리스도 안에 들어와 있는 자기가 진짜 자기인데 그런 자기를 바라보지 못하고 세상에 발을 딛고 있는 자기 몸 덩어리가 자기인 줄 알면 그 몸 덩어리가 발을 딛고 있는 세상이, 그리고 세상의 문제들이 전부 다 문제로 보이게 됩니다. 그러면 그런 문제들 앞에 또 염려하고 속상해하며 원망, 불평, 신경질, 짜증나는 삶을, 지옥 같은 삶을 살게 되기 때문에 "예수가 그리스도라는 것을 믿으라"는 말씀에 늘 순종해야 한다는 말입니다.

예수님께서 다시 오시는 그날까지 늘 예수가 그리스도라는 것을 믿는 믿음으로 살아야, 즉 "예수가 그리스도라는 것을 믿으라"는 말씀에 순종해야 하는 것입니다. "예수가 그리스도라는 것을 믿으라"는 말씀에 불순종하는 것은 자기가 예수님 자리에 올라앉는 불순한 행위라는 것을 알아야 합니다. 항상 내 마음의 중앙(중심=보좌)에는 예수님이 앉아 계셔야지 내가 거기에 올라앉아 있으면 안 됩니다. "예수가 그리스도라는 것을 믿으라"는 말씀에 불순종하는 것은 그와 같다는 것을 알고 불순종하는 일이 없기를 바랍니다.

에덴동산에서 불순종해서 죽게 된 인생이었는데 이젠 순종해야 되지 않겠습니까? 순종하면 내가 사는 것이고 내가 좋은 것이기에 말입니다. 그리고 세상에 발을 딛고 있는 동안도 마귀와 죄와 죽음문제를 비롯한 그 어떤 문제들도 다 뛰어넘으며 살게 되기에 좋고, 그 어디서나 하늘나라를 누리게 되기에 좋고, 발을 딛고 있는 그 순간까지 주어진 시간과 재물과 몸을 사람 살리는 일에 던져놓고 살아서 좋고, 그렇게 살다가 몸이 썩어지면(죽게 되면) 천국에 입성하여 상급도 많이 받아서 좋습니다 그러니까 "예수가 그리스도라는 것을 믿으라"는 말씀에 순종하면 좋은 것이 한두 가지가 아닙니다.

그동안 이렇게 살지 못해서, 불순종하고 살아서 병들었던 마음도 몸도 치유되는 일도 일어납니다. 그런데도 불순종해서야 되겠습니까? '천일의 약속'이라는 드라마에 나온 서현(수애)처럼 그래서는 안 되는 거죠. 불순종은 예수님의 그 엄청난 십자가 사건(피)을 헛된 사건으로 만들어버리는 것과 마찬가지기에 불순종해서는 안 되는 것입니다. 절대로 그래서는 안 됩니다. 서현처럼 그렇게 되지 않으려면 "예수가 그리스도라는 것을 믿으라"는 말씀에 늘 생명 걸고 순종해야 합니다.

하나님께서 지영처럼, 아니 지영이와 비교할 수 없는 참 사랑으로, 사랑 그 자체로 우리를 사랑하시며, 또한 잠시잠깐이 아닌, 영원히 우리와 함께 하고 계신다는 것을, 그분이 그렇게 약속하신 것이기에 그 약속을 잠시도 잊지 말고 늘 감사하며, 늘 노래하며, 늘 전하며 삽시다! 샬롬!

24

캐스팅

캐스팅이란 배우나 탤런트들이 영화나 드라마에 어떤 역할을 맡아 연기를 하기 위해 배역으로 선정되는 것을 말합니다. 요즘은 길거리 캐스팅이 많아졌습니다. 시내에 나갔다가 어떤 영화감독의 눈에 띄어 곧바로 캐스팅 되는 일도 있습니다. 그렇게 되면 하루 벌어 하루 먹고 살던 사람이 어느 날 갑자기 스타가 되는 바람에 집도, 차도 생기고 많은 사람들의 사랑을 받게 됩니다.

"사람 팔자 시간문제"라는 말을 실감할 수밖에 없습니다. 그러기에 포기하지 말고 인생길을 달려야 합니다. 앞으로 주어져 있는 시간 속에 자기 인생이 어느 시간에 어떻게 될지 모르기 때문입니다. "포기는 배추 셀 때나 쓰는 말"이라는 말을 들으신 적 있죠? 그렇습니다. 포기는 배추를 셀 때, 즉 한 포기, 두 포기, 세 포기… 할 때 쓰는 말이지 하던 일을, 인생을 포기할 때 쓰는 말이 아닙니다.

나도 인생길, 세상길을 달리다가 어느 날 캐스팅됐습니다. 정말 길거리 캐스팅이었습니다. 이 세상 우주 만물을 창조하시고 다스리시는 감독 중의 참 감독이신 하나님으로부터 말입니다. 세상에 영화감독이 있다는 것 아시죠? 그런 감독은 진짜 참 감독이신 하나님의 그림자에 불과합니다. 그런 그림자 감독이 있다는 말은 그 그림자의 실상, 즉 진짜 참 감독이신 하나님이 계신다는 말입니다.

세상의 감독, 즉 그림자 감독에게 발탁(캐스팅)되어 어떤 역할을 맡게 되면서 유명해진 배우들이 있다면, 참 감독이신 하나님께 발탁되어 어떤 역할을 맡게 되면서 유명해진 사람들이 있다는 말입니다. 그들이 누구냐고요? 그들이 바로 사도 베드로, 사도 바울 등입니다. 이 글을 쓰고 있는 목사 정원기도 실상의 감독이신, 진짜 참 감독이신 하나님께 발탁되어 유명해졌습니다. 하나님께 캐스팅되어 왕 같은 제사장, 사람 낚는 어부의 삶을 살게 되었으니 진짜 진짜 귀한 배역입니다.

이런 배역을 맡게 된 것이 얼마나 큰 영광인지 말로 다 형용할 수 없습니다. 이 땅에 태어나 세상길(돈, 명예, 권력, 세상 사상 등)을 따라 가고 있던 나를, 벌레만도 못한 나를 참 감독이신 하나님께서 캐스팅하셔서 왕 같은 제사장(전도자=목사)으로 세우셨다는 사실! 그러기에 사람 팔자 시간문제인 것입니다(이 표현은 어쩔 수 없이 쓰는 것이니 이해바람). 어느 순간에 내 팔자가 이렇게 완전히 달라져버렸습니다.

한때는 세상 배우, 가수를 부러워하며 그 길을 가고자 했지만, 예수가 그리스도라는 것을 알게 된 후 생각이 바뀌었습니다. 그렇게 해서 유명해진들 그게 무슨 영광이겠습니까? 헛되고 헛된 것인 걸(전 1:2-3), 결국 썩어 없어질 배설물인 걸(빌 3:8), 이 거대한 우주라는 무대 위에서 펼쳐지는 하나님의 인류구원 역사(선악과 사건이 터진 동네 사람들을 임마누엘 동산으로 건져내는 일)의 대 다큐멘터리 장편 드라마에서 목사로, 왕 같은 제사장으로, 사람 낚는 어부(전도자)로 캐스팅되었으니 이것만큼 영광스런 배역이 어디 있겠습니까?

죄, 마귀, 죽음, 지옥 문제를 비롯한 이런저런 인생의 모든 문제에서 해방되어 참 자유를 누리고 살며, 하나님을 다시 만나 영생은 물론 천국을 비롯한 하나님의 모든 보화를 소유한 천국백성으로서 그 어디서나 하늘나라를 누리며 전도자(사람 낚는 어부)로 살게 되었으니 참으로 영광스런 일이 아닐 수 없는 것입니다. 감사하지 않을 수 없는 것입니다. 그러기에 그 분을 노래(찬송)하지 않을 수 없는 것입니다. 항상 찬미의 제사를 드리지 않을 수 없는 것입니다(히 13:15).

이 세상의 배우들도 연말 시상식 때 배우생활을 한 것에 대해 상을 받고나서 감독을 향해, 또는 하나님을 향해 "감사합니다"라고 말하는 것 봤죠? 감격해서 울기도 하며 영광스럽다고 말하는 것 보셨죠? 전도자로 캐스팅된 우리는 그보다도 더한 존재들입니다. 우리는 세상이 아닌 천국에서 연예대상 시상식을 앞둔 자들입니다. 지금도 감사한데 그날은 얼마나 감격할지, 얼마나 많은 눈물을 흘리게 될지… 너무나 감사해서 "이 영광을 하나님께 돌립니다, 감사합니다"라고 뜨거운 눈물을 흘리게 될 것입니다.

세상의 영화배우들이 받은 상은 썩어 없어지지만 우리들이 받는 상은 영원히 썩지 않습니다(계 22:12). 우리들에게 있어서 시상식은 예수님께서 다시 오시는 그날입니다. 인류 최대의 영광스런 시상식이 서서히 다가오고 있습니다. 이런 내용을 알고 사는 사람만큼 행복한 사람은 없습니다. 세상의 영화배우로 캐스팅되는 것에만 관심을 가지고, 세상 것들만 좇아 산다면 참으로 불쌍한 사람입니다. 설령 그렇게 캐스팅되어 연말 시상식에서 온갖 조명을 받는다 할지라도 그건 말짱 "꽝"입니다. 썩어 없어질 영광이요, 헛되고 헛된 것입니다. 허무입니다(전 1:2).

그렇게 허무한 것들이 크게 보이고 좋아 보이기에 사람들이 애를 쓰고 달려갑니다. 왕 같은 제사장, 사람 낚는 어부인 우리들을 별 볼일 없는 사람처럼 취급합니다. 우리들은 사람 낚는 어부로서 선악과 사건이 터진 동네(세상)의 사람들을, 지옥문을 향해 떠내려가는 사람들을 건져 올리는데도 세상 방송국에서 취재하여 방송하기는커녕, 별 볼일 없는 사람으로 취급합니다. 그러나 예수님께서 다시 오시는 그날 대 역전극이 펼쳐집니다. 다시 한 번 그런 사람들과는 완전히, 영원히 팔자가 바뀌는 일이 일어납니다.

그러기에 하나님의 인류 구원의 역사(예수님의 십자가 사건을 통해 선악과 사건이 터진 동네 사람들을 살리신, 그리고 이 시대에도 우리를 통해 복음이 전달되게 해서 사람들을 살리시고 계시는 일)에 캐스팅되는 것이 너무나도 중요하고 영광스런 것임을 알고 아직도 캐스팅되지 못했다면 캐스팅되기를 기도하고, 캐스팅 되었다면 이렇게 엄청난 영광스런 직분임을 영혼의 피부로 느끼고 감사하며, 찬송하며, 전하며, 멋지게 살기 바랍니다.

예수님께서 다시 오실 그날을 기대하며 세상 사람들이나 세상 방송국에서는 우리가 하는 일이 얼마나 엄청난 일인지를 모르기 때문에 방송해주지 않지만, 천국방송국에서는 오늘도 우리들이 하는 일이 방송되고 있다는 것을 알고 이렇게 뭐가 진짜 중요한지 알고 신나게, 멋지게 살기 바랍니다. 샬롬!

25

엄마 뱃속(선악과 사건이 터진 동네)에서 나와야

아이가 엄마 뱃속에만 있으면 안 됩니다. 그러면 죽습니다. 엄마도 죽고 아이도 죽습니다. 그리고 엄마 뱃속에서 나온 후에도 엄마로부터 세상에 대해 배워야 세상을 살아갈 수 있습니다. 선악과 사건이 터진 동네(세상)는 엄마 뱃속과 같습니다. 그래서 그 뱃속(세상)에서 나와야 합니다. 거기서 나온 사람을 '출세상인(거듭난 사람=그리스도인=임마누엘 동산 사람)'이라고 합니다.

사람이 엄마 뱃속에 있다가 이 세상(선악과 사건이 터진 동네)에 태어났다고 해서 태어난 것이 아닙니다. 그것은 마치 어린 아이가 엄마 뱃속에서 나오지 않고 계속 있는 것과 같은 상태라서 죽습니다. 선악과 사건이 터진 동네(세상=영적 엄마 뱃속)에서 나오지 않으면 결국 죽습니다. 죽기만 하는 것이 아니라 지옥 불구덩이 속에 처박혀 영원토록 고통당하게 됩니다. 이것을 영벌(永罰)이라고 합니다.

그러기에 선악과 사건이 터진 동네라는 엄마 뱃속에서 나와야 하나님의 나라를 볼 수 있게 되고(요 3:3), 하나님의 나라에 들어갈 수 있습니다(요 3:5). 선악과 사건(죄)으로 인한 자기 등 뒤에 드리워진 무거운 십자가(죽음문제를 비롯한 인생의 모든 문제)를 내려놓게 됩니다. 그러기에 '참 자유'. '참 평안'을 누리게 되는 것입니다. 인생의 모든 문제에서 졸업한 졸업생임과 동시에 천국백성으로 살게 됩니다. 지금부터 영원히 하나님의 나라를 누리게 됩니다.

그러기에 선악과 사건이 터진 동네(세상)라는 그 엄마 뱃속에서 나와야 합니다. 그 속에 있으면 절대로 이런 어마어마한 내용에 대해 알 수도 없고, 이런 엄청난 복을 누릴 수 없습니다. 그 안에서의 생각, 그 안에서의 삶을 삶인 줄 알고 살다가 죽어 지옥으로 갑니다. 니고데모와 같은 수준의 생각, 그런 어리석은, 수준 낮은 질문(의문)만 하다가 죽습니다.

지금 세상에는 두 종류의 사람이 있습니다.

니고데모와 같이 거듭나지 못한 사람과 사도 바울처럼, 나처럼 거듭난 사람이 있습니다. 니고데모는 유대인의 관원으로서 세상(육)적으로 말하면 나보다 더 많이 알고, 더 높은 신분과 권세를 누렸던 사람입니다. 그런데 영적으로 말하면 내가 니고데모보다 더 엄청난 신분과 권세를 가진 사람입니다. 나는 선악과 사건(죄)이 터진 동네(세상)라는 엄마 뱃속에서 나온 사람(거듭난 사람=왕 같은 제사장)이기 때문입니다.

그래서 생각하는 것 자체가 다릅니다. 수준 자체가 천지차이가 납니다. 생각하는 것이 다른데 어찌 말이 다르지 않겠습니까. 어찌 삶의 방향과 목표가 다르지 않겠습니까. 그래서 거듭나지 못한 사람과는 대화 자체가 안 되는 것입니다. 그래서 선악과 사건이 터진 동네의 수준으로 내려가서 대화를 나누고 있는 것입니다. 그 뱃속에서 나올 수 있는 방법을 가르쳐 주려고 말입니다.

거듭난 사람, 출세상한 사람이 돼면 아무리 세상(돈, 명예, 권력, 세상 사상, 세상 종교 등)것들이 좋다고 해도 그런 것들에게 정신 팔지 않습니다. 그런 것들을 비롯한 명리학, 주역, 공자사상, 석가모니 사상 등, 그런 세상 철학도 다 배설물(똥)이라는 것을 알아버렸기 때문입니다(빌 3:8). 내 말이 실감이 안 나면 요한복음 3장 1절에서 21절까지 읽어보면 알게 될 겁니다.

니고데모와 그리스도(선악과 사건이 터진 동네라는 엄마 뱃속에 들어 있는 우리들을 십자가 사건을 통해 건져내신 구세주=구원의 하나님)이신 예수님과 대화하는 장면을 보면 얼마나 엄청난 차이가 나는지 알게 될 것입니다. 나도 한때 니고데모와 같은 어리석은 자였습니다. 그때는 내가 선악과 사건이 터진 동네(세상)라는 엄마 뱃속에 들어 있는 존재라는 것도 몰랐습니다. 거기서 살아보려고 몸부림을 쳤습니다. 거기서 도덕이나 율법으로 몸부림을 쳤습니다.

그러면 그럴수록 힘들기만 했습니다. 괴로웠습니다. 미치고 환장할 것 같았습니다. 그 속이 다람쥐 쳇바퀴 상자 안이라는 것도 모르고 그 상자 안에서 열심히 쳇바퀴를 돌리고 있었습니다. 그렇게 하면 그 엄마 뱃속에서 벗어날 수 있는 줄 알았습니다.세상에 태어나는 모든 인간들은 거듭나지 않는 한 엄마 뱃속이며, 다람쥐 쳇바퀴 상자 안입니다. 삶 자체가 그 안의 삶입니다. 생각하고, 말하는 것 자체가 그 안의 생각이고, 말입니다. 삶의 방향과 목표가 그 안에서의 삶의 방향이고 목표입니다.

그래서 세상 것들만 많이 챙기고 세상적으로 더 높이 올라가면 되는 줄 알고 열심히 달리는 것입니다. 그러다가 다람쥐처럼 지치고 병들어 죽습니다. 그 상자 안에서, 그 엄마 뱃속에서 나와 보지도 못한 채 이런 말을 해주는 사람을 욕하고 핍박까지 하다가 죽어 지옥으로 갑니다. 그러면서 귀신들린 점쟁이들의 말은 잘 듣습니다. 그들의 말에는 순종을 잘한다는 말입니다. 그들도 선악과 사건이 터진 동네라는 엄마 뱃속에서 그러고들 있는 것인데 그런 줄도 모르고 말입니다.

인간을 선악과 사건에 빠지게 하여 그 동네에 집어넣은 놈이 마귀인데, 그 동네에서 인간들의 왕 노릇을 하는 놈이 마귀이고, 그 밑의 졸병들이 귀신들인데, 그 속에서 나가려고 하면 할수록 마귀는 온갖 세상 것들을 통해 훼방을 합니다. 사람들은 그런 줄도 모르고 계속 그의 종노릇하고 있습니다. 지금도 이런 영적인 내용에 대해 알지 못하도록 방해하고 있다는 것을 알고 절대로 속지 마십시오. 이런 말을 듣고 거기서 얼른 빠져 나오기 바랍니다.

거기서 빠져 나올 수 있는 방법이 있습니다.

예수가 그리스도라는 것을 믿고 영접하면 됩니다. 영접하여 선악과 사건이 터진 동네(세상=엄마 뱃속)에서 나왔더라도 계속 "예수가 그리스도라는 것을 믿으라"는 말씀에 순종해야 합니다.

왜냐하면 몸이 아직 썩어지지 않아서 이 세상(엄마 뱃속과 같은 선악과 사건이 터진 동네)에 발을 딛고 있기 때문입니다. 이미 속사람(영혼)은 엄마 뱃속과 같은 선악과 사건이 터진 동네에서 임마누엘 동산으로 들어온 임마누엘인(그리스도인=거듭난 사람)이 됐으나 몸이 아직 썩어지지 않아서 이 세상에 발을 딛고 있는 관계로 임마누엘 동산 사람이라는 것을 놓치기 쉽기 때문입니다. 거듭난 사람이라는 것을 잊기 쉽기 때문입니다. 그러면 고생하게 되기에 말입니다.

육적으로도 아이가 엄마 뱃속에서 나온 후에 다시 뱃속으로 들어가려고 하면 몸 덩어리가 커져서 들어갈 수도 없을 뿐만 아니라 들어가려고 하다가는 자기 자신도 힘들고 엄마도 힘들게 됩니다. 찢어지는 고통만 당하다가 둘 다 죽게 되는 것처럼, 영적으로도 엄마 뱃속과 같은 선악과 사건이 터진 동네에서 임마누엘 동산으로 건져졌으면 건져진 사람답게 살아야지 다시 그 속으로 들어가려고 하면 안 해도 될 고생만 실컷 하게 된다는 말입니다.

그래서 늘 예수가 그리스도(십자가 사건을 통해 선악과 사건이 터진 동네라는 엄마 뱃속에 들어 있는 우리를 구원해신 구세주)라는 것을 믿으라는 말씀에 순종하라는 것입니다. 이 말씀에 순종하고 있을 때 자기 자신(속사람)이 임마누엘 동산 사람이라는 것을 잊지 않게 되고, 그 어디서나 항상 하늘나라를 누리게 됩니다(찬 438장).

그러기에 늘 예수가 그리스도라는 것을 묵상(기도)하게 되고, 노래(찬양)하게 되고, 전하게(전도) 됩니다. 그러다보면 상급까지 받게 됩니다(계 22:12). 이렇게 사람 자체도 새사람(거듭난 사람)으로 이전과는 달라지고(고후 5:17), 삶의 방향과 목표도 완전히 달라집니다(행 1:8). 이렇게 사는 것이 진짜 행복입니다.

조물주(예수님)가 피조물(선악과 사건에 빠져 엄마 뱃속과 같은 동네에서 나오지도 못하고 죽어 지옥으로 갈 수밖에 없는 죄인)들을 살리시려고 선악과 사건에 빠진 더러운 피조물(죄인)들에게 매를 맞고 십자가에 달려 죽기까지 하신 그 사랑을 알기에 그 사랑으로 사랑하며 살게 됩니다(요일 4:8-11).

이런 영적인 내용을 모르면 절대로 이런 사랑으로 사랑하지 못합니다. 절대로 행복한 삶이 되지 못합니다. 이런 영적인 내용을 아는 사람과 사랑을 아는 사람과 짝을 지어 살면 행복한 부부생활을 할 수 있습니다. 그러나 한 사람은 알고 다른 한 사람은 모르면 행복한 부부생활은커녕 멍에를 짊어지게 됩니다(고후 6:14-16). 그래서 이런 내용을 아는, 사랑을 아는 사람과 짝을 지으라는 것입니다.

아직도 엄마 뱃속과 같은 선악과 사건이 터진 동네(세상)에서 다람쥐 쳇바퀴 돌리는 삶을 살고 있는 사람들이 많습니다. 베드로후서 2장 12절, 유다서 1장 10절의 말씀에 해당하는 사람들이 많습니다. 우리도 한때 그런 사람들이었는데 이렇게 새사람으로 거듭나 이런 엄청난 내용을 알고 이런 엄청난 복을 누리며 살게 되었으니 이렇게 되는 방법을 전해줘야 되지 않겠습니까? 전해주러 갑시다. 물론 "예수가 그리스도라는 것을 믿으라"는 말씀에 늘 순종하며 말입니다. 샬롬!

26

답을 아는 자,
모든 것을 가진 자의 여유

답을 알고 또한 모든 것을 가진 자는 여유가 있습니다.

그러나 그렇지 못하면 늘 염려하며 마음 졸이며 불안한 삶을 살 수밖에 없습니다. 그러기에 답을 알고 살아야 합니다. 그런데 죄 문제나 죽음문제를 비롯한 이런저런 '인생의 모든 문제'들이 어디서 비롯되었으며, 어떻게 해야 그런 문제들에게서 벗어나 자유할 수 있는지에 대한 '답'을 모르는 사람들이 많습니다. 분명히 이런저런 '문제'들을 만나고 있으면서 문제들의 원인을 모른 채 또한 '답'이 뭔지 모르는 사람들이 많습니다.

세상에는 죄 문제나, 율법문제나, 죽음문제를 비롯한 이런저런 인생의 문제들을 풀다가 풀다가 도저히 못 풀겠다고 포기하는 사람들도 있고(이런 사람들은 열등감, 소외감, 낙심, 좌절, 자살 확률이 높음, 결국 죽어 지옥으로 감) 또한 계속해서 문제들을 풀고 있는 사람들도 있습

139

니다(이런 사람들은 공자나 석가모니와 같은 사람으로서 그렇게 고생하다가 귀신들린 점쟁이가 되기도 하고 결국 죽어 지옥으로 감).

그런데 사도바울처럼, 나처럼 죄 문제나 죽음문제를 비롯한 이런저런 인생의 모든 문제를 만날 수밖에 없게 된 원인과 그 원인으로부터 생겨난 문제들을 다 풀어놓고 사는 사람들도 있습니다., 즉 죽음문제를 비롯한 이런저런 문제들을 만날 수밖에 없게 된 원인(선악과 사건, 죄, 아담, 창 3:1-6)과 답(십자가 사건, 피, 예수, 요 19:1-30)을 찾아놓고 사는 사람도 있고 뿐만 아니라 영생은 물론 천국을 비롯한 하나님의 모든 보화를 소유한 천국백성으로서 그 어디서나 하늘나라를 누리며 사는 사람도 있다는 말입니다.

죄와 죽음문제를 비롯한 인생의 모든 문제의 답을 찾아놓고 살기에 답을 아는 자로서의 여유, 영생은 물론 천국을 비롯한 하나님의 모든 보화를 소유한 천국백성으로서 그 어디서나 하늘나라를 누리게 된 자로서의 여유가 있는 것입니다.

학교에서 시험문제를 받았을 때 그 문제들의 답을 다 적은 학생들은 기쁜 마음으로 여유 있게 앉아 있습니다. 다른 사람들은 문제가 풀리지 않아 끙끙거리는데 문제를 다 푼 학생은 시험 종료 종이 울릴 때까지 여유 있게 앉아 있거나 책상에 엎드려 자기까지 합니다. 다음 시간에 그 시험문제를 출제하신 선생님을 기쁜 마음으로 기다리게 됩니다. 칭찬 들을게 뻔하니까, 상급까지 받게 될게 뻔하니까 말입니다.

그러나 문제를 풀어도 풀어도 다 풀지 못한 학생들이나, 아예 풀다가 신경질, 짜증이 나서 포기하는 학생들은 선생님을 다시 만나는 것 자체가 부담스럽습니다. 꾸중 들을게 뻔하니까, 상급은커녕 매(벌) 맞을게 뻔하니까 말입니다.

문제를 다 풀고 여유 있게 한숨 자고 일어난 학생들이나, 다 풀지 못한 학생들이나 모두가 다 다음 시간에 그 시험문제를 출제하신, 그리고 시험문제를 출제하기 전에 문제들을 푸는 방법과 답을 다 가르쳐 주신 그 과목 선생님을 다시 만나게 되듯이, 우리들도 하나님(죄 문제를 비롯한 인생의 모든 문제가 어떤 사건으로 비롯된 것인지와 그 문제들의 답은 오직 하나 '예수'밖에 없다는 것을 가르쳐 주신 분=선생님 중의 참 선생님이신 예수님)을 다시 만나게 되어 있습니다.

그 거룩하신 하나님, 참 선생님이신 그분은 하늘에만 계시지 않고 죄인들이 살고 있는 선악과 사건이 터진 동네(세상)에까지 직접 오셔서 문제의 원인(선악과 사건, 죄, 아담, 창 3:1-6)과 답(십자가 사건, 피, 예수, 요 19:1-30)을 다 가르쳐 주셨습니다(찬 252장). 살을 찢고 피를 흘리시기까지 해서 말입니다. 그렇게 해주신 증거가 그분이 당하신 십자가 사건입니다.

그리고 그 답을 잊지 말라고 이름까지 '답'이라는 이름으로 오셨습니다. 그분이 '예수'입니다. 죄 문제를 비롯한 인생의 모든 문제의 답이 "예수!" "예수=죄 문제를 비롯한 인생의 모든 문제의 답!" 그러니까 "예수=답!" 너무나 간단해서 외우기도 쉽습니다.

죄 문제나 율법문제나 죽음문제를 비롯한 인생의 모든 문제의 답이, 영생은 물론 천국을 비롯한 하나님의 모든 보화가 그리스도 안에 들어 있고 그 그리스도가 예수입니다. 세상에 태어난 이상 반드시 이걸 알아야 합니다. 즉 예수가 그리스도라는 것을 알아야 한다는 말입니다. 알기만 해서는 안 되고 그것을 믿으라는 말씀에, 즉 "예수가 그리스도라는 것을 믿으라"는 말씀(요 6:29)에 순종해야 합니다.

그래야 죄 문제를 비롯한 인생의 모든 문제를 다 풀어놓고, 즉 답을 다 적어 놓고 살게 됩니다. 그러므로 너무나 자유하고 평안한 것입니다. 그대는 인생의 모든 문제의 답을 가졌습니까? 예수님께서 다시 오시는 그날이 시험 종료시간이기에 그 시간이 오기 전에 답을 찾아야 합니다. 그러지 않은 상태에서 예수님을 다시 만나게 될 때 꾸중이나 매 맞는 정도가 아닌 지옥 불구덩이 속에서 영원토록 벌(永罰)을 받게 됩니다. 답을 다 적어내기까지의 인생(세상을 사는 동안)도 힘들게 되고 고생하게 됩니다. 원망, 불평, 신경질, 짜증나는 지옥 같은 삶을 살게 되기에 말입니다.

2,000년 전에 오신 그 구원의 하나님(죄 문제를 비롯한 인생의 모든 문제의 답=영생은 물론 천국을 비롯한 모든 것의 모든 것=구세주=메시아=그리스도)이신 예수님께서 선악과 사건이라는 큰 죄(마귀에 의한 인간의 오리지널 죄, 창 3:1-6)에 빠진 우리를, 즉 개들의 사육장과 같은 선악과 사건이 터진 동네(세상)에서 이런저런 문제들을 만날 때마다 염려하고 속상해하며 원망, 불평, 신경질, 짜증나는 지옥 같은 삶을 살다가 진짜 지옥으로 갈 수밖에 없는 우리를 거기서 벗어나보려고 도덕이나 율법이나 말과 뜻과 행실을 깨끗하고 착하게 하면, 고행이 수반된 종교행위를 열심히 하면 벗어나게 될 줄 알고 살다가 지옥

으로 갈 수밖에 없는 우리들을 십자가 사건(피)을 통해 임마누엘 동산으로 건져내 주셨습니다.

하나님(조물주)이신 그분이 선악과 사건(죄)에 빠진 더러운 피조물(죄인)들에게 매를 맞고 십자가에 달려 모진 고통을 당하기까지 해서 건져내 주셨습니다. 그것이 우리를 건져내 주신 증거입니다. 그분이 그 엄청난 십자가 사건을 당하기까지 해서 우리들에게 '답'을 챙겨 주셨으니 그분이 우리의 구세주(메시아=그리스도)입니다. 그분이 문제들의 답 그 자체이신 것입니다.

그런데도 답(예수)을 답(예수)으로 여기지(믿지) 않는다면 어찌 되겠습니까? 그건 예수님의 십자가 사건(피)을 헛된 사건으로 만드는 것과 같은 것입니다. 십자가 사건을 헛된 사건으로 만드는 사람은 악한 사람입니다. 그런 악한 사람으로 존재해서는 안 됩니다. 에덴동산에서는 불순종했었지만 지금은 불순종해서는 안 되는 것입니다. 지금도 불순종하면 살 길이 없는 것입니다. 답을 가질 수 없는 것입니다. 그러면 계속해서 문제 속에 살게 되고 결국은 고생하다가 죽어 지옥으로 가게 됩니다.

"예수가 그리스도라는 것을 믿으라"는 말씀에 순종하여 죄와 죽음문제를 비롯한 인생의 모든 문제에서 해방되어 참 자유를 누리기 바랍니다. 그래야 문제 될 것도 없고, 부족함도 없는 새사람이 되게 해주신 하나님을 노래하게 될 게 아닙니까? 하나님을 다시 만나 그런 삶을 사는 사람은 행복한 사람입니다.

선악과 사건(죄)으로 인해 하나님을 떠난 우리가 그리스도를 통해 다시 하나님을 만났으니 뭐가 문제 될 것이 있겠으며, 뭐가 더 부족하겠습니까? 그러기에 아담 안에서 태어난 이 몸이 썩어 없어지는 그 순간까지 주어진 시간과 물질과 몸을 사람 살리는 일에 쓸 수밖에 없는 것입니다.

죄 문제나 죽음문제를 비롯한 이런저런 인생의 모든 문제의 '답'을 아는 자의 여유! 천국을 비롯한 하나님의 '모든 것'을 가진 자의 여유! 참으로 엄청난 여유입니다. 그러기에 평안할 수밖에, 그 어디서나 하늘나라를 누릴 수밖에 없는 것입니다(찬 438장). 이렇게 살게 되면 그동안 이런 영적인 내용을 모르고 살면서 자기 속에 쌓인 스트레스, 분노, 억울함, 미움, 상처, 울체 등으로 지치고 병든 정신과 육신도 치유되는 일이 일어납니다.

그러기에 인생을 사는 동안 예수가 그리스도(인생의 모든 문제의 답, 천국을 비롯한 하나님의 모든 보화)라는 것을 발견해야 합니다. 발견만 해서는 안 되고 그것을 믿으라는, 즉 "예수가 그리스도라는 것을 믿으라"는 말씀에 순종하는 것이 너무너무 중요한 것입니다. 그렇다는 것을 아는 사람은 진짜 답을 제대로 붙잡은 사람일뿐만 아니라, 순종하되 진짜 순종합니다. 생명 걸고 순종합니다. 그리하여 하나님의 놀라운 역사 속에서 여유 있게, 여유 있는 자답게 삽니다. 샬롬!

27

큰 의사가 되는 방법

SBS TV 드라마에서 의병대장인 허위 장군(손현주 역)이 일본군의 총을 맞고 어느 외딴집에 숨어 있었습니다. 외딴집까지 찾아온 제중원 의사인 황정(박용우 역)이 허위 장군의 팔뚝에 박힌 총알을 보며 "이건 마취주사를 놓고 수술을 하지 않으면 고통이 너무나 크니까 얼른 병원에 가서 마취제를 가져오겠다"고 합니다.

그러자 허위 장군이 "내겐 나라 잃은 것보다 더한 고통은 없소. 이런 고통은 얼마든지 참을 수 있으니 그냥 수술하시오"라고 했습니다. 팔뚝에 박힌 총알을 빼낸 황정에게 허위 장군이 다음과 같은 휘호를 적어줍니다. "작은 의사(小醫師)는 병을 치료하고, 중의사(中醫師)는 사람을 치료하고, 큰 의사(大醫師)는 나라를 치료한다"

그렇습니다. 나라 잃은 고통보다 더한 고통이 어디 있겠으며, 나라를 치료하는 의사보다 큰 의사가 어디 있겠습니까. 역시 허위 장군은 큰 인물입니다. 말을 하는 것 보면 그가 어떤 사람, 어떤 생각, 어떤 인품을 가진 사람인지 알 수 있습니다. 왜냐하면 말은 그 사람의 생각이고, 그 생각은 그 사람의 것이기에 결국 그 사람은 그 생각대로 살게 됨으로 그런 말과 행동을 하게 된 것이기 때문입니다.

이 얘기를 통해 우리가 영적으로 알아야 할 것이 있습니다. 많은 사람들이 육(세상)적인 나라를 잃어버린 것에는 그렇게 고통을 피부로 느끼며, 그 나라를 찾기 위해 애를 쓰고, 때로는 목숨을 걸기까지 하는데 영적인 나라(천국)를 잃어버린 것에는 애달파하지 않습니다. 아예 관심조차 없는 사람도 있고 이런 얘기를 해주는 그리스도인인 나(우리)를 향해 욕하는 사람도 있습니다.

그런 육적인 나라를 찾고자 하는 것은 영적인 나라를 찾고자 하는 마음에서 비롯된 것인데 그런 줄도 모르고 오직 육적인 나라 찾기에만 애를 씁니다. 세상에는 허위 장군의 말대로 육신의 병을 고치는 의사도 있고, 사람을 고치는 의사도 있고, 나라를 고치는 의사도 있습니다. 그러나 그런 생각밖에 하지 못하는 것은 예수가 그리스도라는 것을 깨닫지 못해서 그런 것입니다.

예수가 그리스도라는 것을 깨달은 사람은 그보다도 더한 진짜 큰 의사이기 때문에 하는 말입니다. 즉 사람의 영과 혼과 육신뿐만 아니라 죄와 마귀와 죽음, 지옥문제까지, 한마디로 인생의 모든 문제의 원인(선악과 사건, 창 3:1-6)과 답(예수)을 말해주는 위대한 전도자(큰 의사)이기 때문에 하는 말입니다. 사람(선악과 사건으로 인해 죽은 영혼)을 살려주고, 또한 선악과 사건 때 헤어졌던 하나님을 다시 만나게 해주고, 그때 잃어버렸던 그 에덴(하늘나라)을 회복시켜주는 위대한 의사(왕 같은 제사장) 노릇을 하는 사람이기 때문입니다.

허위 장군의 그런 휘호를 통해 황정이 일본을 대적하는 의병대장이 되겠다는 다짐을 했듯이, 예수님께서 피 흘려(십자가 사건) 써주신 휘호를 받은 우리들도 그런 다짐이 있어야 합니다. 그분께서 성경에 이렇게 써 주셨습니다.

"하나님께서 보내신 이(예수)를 믿는 것이 하나님의 일이니라"(요 6:29)

"오직 성령이 너희에게 임하시면 너희가 권능을 받고 예루살렘과 온 유대와 사마리아와 땅 끝까지 이르러 내 증인이 되리라"(행1:8)

이 말씀을 압축하면 "예수가 그리스도라는 것을 믿으라"는 말씀에 늘 순종하고 또한 예수가 그리스도라는 것을 늘 가르치고 전하라는 말씀입니다(행 5:42). 한마디로 사람 낚는 어부(복음으로 사람을 살리는 의사=왕 같은 제사장=천국대사=전도자)로 살라는 말씀입니다(마 4:19). 이렇게 귀한 휘호를 받아 들었으니 그렇게 살겠다는 다짐은 자동으로 하게 되는 것입니다.

사람을 천국으로 낚아 올리는, 사람을 살리는 어부가 진짜 큰 의사라는 것을 알게 해주신 하나님께, 큰 의사로 거듭나게 해주신 하나님께 어찌 감사하지 않을 있겠습니까. 너무나 감사해서 "사람 낚는 어부로 살겠습니다!"라는 고백이 영혼 깊숙한 곳에서 나오는 것입니다. 하나님 앞에서 그런 고백(다짐)을 한 사람이 최고로 멋진 사람이요, 최고로 행복한 사람입니다.

황정은 허위 장군의 휘호를 통해 육적인 일에 뛰어들 것을 다짐했지만, 그런 다짐을 하고 그런 육적인 일을 해봐도 세상은 영원한 것이 아니기에 결국 허무할 수밖에 없지만, 우리가 하는 영적인 일은 영원히 썩지 않는 일이기에 하면 할수록 보람을 느낄 수밖에 없는 것입니다. 또한 하나님께로부터 현세에도 복을 받고 내세, 즉 장차 천국에서 상급도 받게 됩니다(막 10:29-30, 계 22:12).

한 나라의 왕의 부름에 쓰임을 받는 것도 영광스런 일일진대 하물며 만왕의 왕, 진짜 참 왕이신 하나님의 부름에 쓰임을 받는다는 것이 얼마나 큰 영광인지 말로 다 형용할 수 없습니다. 이런 영광스런 큰 의사가 되어 하늘나라를 위해 일하는 사람이 되는 방법은 너무나 쉽습니다. "예수가 그리스도라는 것을 믿으라"는 말씀에 순종하면 됩니다. 할렐루야! 샬롬!

28

답을 챙겼으면
그 답을 써내면 된다

　세상 학교에서 선생님으로부터 하나에 하나를 더한(1+1=?) 문제의 답을 배웠습니까? 1, 3, 4, 5, 7, 10, 100, 1000 등 숫자는 많으나 답은 오직 하나, 즉 '2'밖에 없다고 배웠죠? 시험지에 '1+1=?' 문제가 나왔습니다. 뭐라고 답을 적어내야 합니까? '2'라고 적어내면 됩니다. 나머지 문제들도 선생님께서 가르쳐 주신 대로 답을 적어냈다면 100점입니다. 그리하면 나중에 다시 만나게 되는 선생님으로부터 칭찬도 받고 상장과 상품도 받게 됩니다.

　학교 중의 학교인 진짜 참 학교(교회)에서 진짜 참 선생님(하나님)으로부터 죄와 죽음문제를 비롯한 인생의 모든 문제의 원인이 선악과 사건(죄)이라는 것과, 인생의 모든 문제를 해결해 주신 분이 '예수'라는 것을 배웠습니까? 해결해 주신 증거, 답이 되어 주신 증거가 십자가 사건(피)이라는 것까지 다 배웠습니까? 한마디로 문제들은 많으나 답은 오직 하나, 즉 '예수'라는 것을 확실히 배웠습니까?

그런 후 삶의 현장에서 어떤 문제를 만나게 되었다면 뭐라고 답을 써내야 합니까? 공자? 석가? 아니면 원망, 불평, 신경질, 짜증이라고 답을 써내면 될까요? 그런 것들은 답이 아닙니다. 문제들은 많으나 답은 오직 하나 '예수'밖에 없다고 배웠으니까 어떤 문제를 만나더라도 '예수'라고 적어내기만 하면 됩니다. 그렇다면 답을 어디에 써내야 합니까? 칠판에? 종이에? 이건 칠판이나 종이에 적어내는 그런 외적행위가 아니라 마음으로 하는 일(내적행위)입니다.

내적행위란, 마음속으로 예수가 그리스도(죄 문제를 비롯한 인생의 모든 문제의 답)라는 것을 시인(고백)하면 됩니다. 즉 예수가 그리스도(죄와 죽음문제를 비롯한 인생의 모든 문제의 답)라는 것을 믿으라는 말씀(복음)에 순종하면 됩니다. 그것이 답을 적어낸 상태입니다. 답을 적어냈기에(순종했기에) 답(그리스도)의 역사가, 하나님의 전능하신 역사가 자기에게 실제로 일어납니다.

즉 죄와 죽음문제를 비롯한 인생의 모든 문제에서 해방되어 참 자유를 누리게 되고, 영생은 물론 천국을 비롯한 하나님의 모든 보화를 소유한 천국시민권을 가지고 그 어디서나 하늘나라를 누리게 됩니다(찬 438장, 빌 3:20). 온 세상을, 어떤 문제를 만나도 이기게 됩니다(찬 357장). 더 이상 문제 될 것도 더 이상 부족함이 없기에 이 세상에서의 주어진 시간과 물질과 몸을 사람 살리는 일에 던지게 됩니다. 이것이 이웃을, 민족을, 인류를 사랑하는 삶입니다. 이것이 사람 낚는 어부의 삶, 왕 같은 제사장의 삶입니다(마 4:19, 벧전 2:9).

이런 삶을 살 수 있는 방법은 예수가 그리스도라는 것을 아는 것(지식)만으로는 안 됩니다. 지식으로도, 돈으로도, 율법을 비롯한 그 어떤 법이나 그 어떤 행위로도 안 됩니다(롬 3:27절 상반절, 찬 544장 1-3절). 오직 예수가 그리스도라는 것을 믿으라는 말씀(복음)에 순종해야 합니다(롬 3:27 하반절, 찬 544장 4절). 지식, 돈, 율법을 통해 그 어디서나 하늘나라를 누리며 왕 같은 제사장으로 살 수 있다거나, 복음에 불순종하는 것은 예수님의 십자가 사건(피)을 헛되게 만드는 것이기에 엄청난 죄입니다(요 16:9).

지금 이 세상에 문제의 원인과 답을 몰라 힘들게 사는 사람들, 방황하는 사람들, 헤매는 사람들이 얼마나 많습니까? 그런데 하나님께서 이렇게 확실하게 가르쳐 주셨기에 가르쳐 주신 것이 고마워서라도 순종해야 되지 않겠습니까? 그대가 지금까지 답을 모르고 살고 있다고 생각해보십시오. 생각만 해도 끔찍하지 않습니까? 모르고 있으면서 모르고 있다는 사실조차도 모르고 살고 있었을 것 아닙니까? 그런 삶이라면 얼마나 비참한 삶입니까?

그런데 지금 이렇게 답을 알았으니 이게 얼마나 엄청난 복입니까? 하나님께 감사가, 노래(찬송)가 영혼 깊숙한 곳에서 저절로 올라오는 것입니다. 이 몸은 아담 안에서 태어난 몸이라서 썩어 없어질 그날을, 예수님께서 다시 오실 그날을, 기다리고 있는 중입니다. 그날까지 문제들의 답을 계속 적어내야(예수가 그리스도라는 것을 믿으라는 말씀에 늘 순종해야) 합니다. 문제들은 많으나 답은 오직 하나(예수)니까 복잡하게 생각할 필요도 없이 곧바로 써내면(내적행위=예수가 그리스라는 것을 믿으라는 말씀에 순종하면) 됩니다.

　그리하면 늘 100점입니다(찬 357장).

　우리도 기쁘지만 하나님아버지께서 더 기뻐하십니다. 100점짜리 인생 되게 해주신 하나님을 늘 노래(찬송, 예배)하고, 또한 많은 사람들에게 100점 받는 방법을 전해주어(외적행위=시간과 물질과 몸을 던져 예수가 그리스도라는 것을 가르치고 전해주는 일, 행 5:42) 다시 만나게 될 예수님(참 선생님)으로부터 상급도 많이 받으시기 바랍니다(계 22:12). 다시 한 번 말합니다. 답을 챙겼으니까 늘 답을 적어내시기 바랍니다. 샬롬!

29

복음이란 이런 것이다

도덕이나 각종 종교의 교리나 율법은 10cm에서 1mm만 모자라도 안 된다며 1mm가 모자란 그것을 따지고 요구하지만,어쨌든지 100%가 돼야 한다고 몰아붙이지만, 요구하는 것에 미치지 못하면 대가(벌)를 치러야 되지만, 복음은 1mm뿐만 아니라 5cm가 모자라도, 아니 9cm, 10cm가 모자라도 "왜 모자라느냐"고 따지지 않습니다. 복음은 그런 것입니다. 복음의 본체이신 하나님은 그런 분입니다.

그분은 모자라고 부족한 우리(죄인)들을 위해 우리를 구원하시기 위해 엄청난 사건을 당하셨습니다. 그게 그분이 당하신 십자가 사건(피, 요 19:1-30)입니다. 그 엄청난 십자가 사건(예수님의 희생=피)을 통해 우리가 해결하고자 하는 죄, 마귀, 율법, 죽음문제를 비롯한 인생의 모든 문제를 다 해결해 주시고, 우리가 얻고자 하는 영생은 물론 천국을 비롯한 하나님의 모든 보화를 다 챙겨 주셨습니다.

인간의 힘으로는 절대로 해결할 수 없는 것들을, 절대로 얻을 수 없는 것들을 예수님께 그 엄청난 십자가 사건(피)을 통해 해결해 주셨고, 챙겨주셨기에 그분이 우리의 구세주(메시아=그리스도)라는 것을 안 믿을 수 없는 것입니다. 그러기에 "예수가 그리스도라는 것을 믿으라"는 말씀에 순종하게 되는 것입니다. 하나님아버지께서는 시키신 일을 하게 되는 것입니다(요 6:29).

그분이 시키신 일이기에 우리는 그 말씀에 순종하기만 하면 됩니다(요 6:29). 순종하면 어떤 일이 일어날까요? 다 해결되고 다 채워지는 일이 일어납니다. 즉 죄와 죽음문제를 비롯한 인생의 모든 문제(저주=십자가)에서 해방되어 참 자유를 누리게 되고, 말로만 들었던 하나님을 다시 만나게 되고, 영생은 물론 천국을 비롯한 하나님의 모든 보화를 소유한 천국백성으로서 참 평안을, 그 어디서나 하늘나라를 누리게 됩니다(찬 438장).

선악과 사건이 터진 동네(세상)에서 도덕이나 세상사상이나, 율법이나 종교의 교리, 그리고 자기 기준(잣대)에서 조금만 모자라도 모자란 그것을 따지고, 책망하고, 속상해하고, 괴로워하다가 자살로, 타살로 죽어 결국은 지옥으로 갈 수밖에 없는 우리(죄인)들이었는데 그런 우리들이 임마누엘 동산(사랑동산, 생명의 동산)으로 옮겨지는 참으로 엄청난 복을 누리게 됩니다(요 5:24). "예수가 그리스도라는 것을 믿으라"는 말씀에 순종하면 이런 엄청난 복을 누리게 되기에 "예수가 그리스도라는 것을 믿으라"는 말씀이 '복음'인 것입니다.

그러니까 복음이라는 말은 엄청난 말입니다. 복음에 순종하면 그렇게 엄청난 복을 누리게 되고, 환한 길을 걷게 되고(찬 449장), 무슨 일을 만나든지 만사형통하게 되기에 말입니다(찬 384장). 복음에 순종하면 더 이상 문제 될 것도 없고, 더 이상 부족함이 없는 새로운 피조물로서의 삶을 살게 됩니다.

그러므로 이 세상에서의 주어진 시간과 물질과 몸을 사람 살리는 일에 쓰게 되는 것입니다. 이것이 이웃을, 민족을, 인류를 사랑하는 아름다운 삶입니다. 이것이 사람 낚는 어부, 왕 같은 제사장, 천국대사로서의 삶입니다(마 4:19, 벧전 2:9, 고후 5:20).

그러니까 복음은 선악과 사건(마귀에 의한 인간의 오리지널 죄, 창 3:16)에 빠진 우리(죄인)를 참으로 엄청난 사람, 엄청난 삶을 살게 만드는 진짜 엄청난 말씀인 것입니다. 그게 복음의 능력, 하나님의 능력입니다. 복음에 순종하면 그렇게 되는데 사람들은 복음이 뭔지도 모르고, 알아도 순종하지 않기에 그런 사람도 되지 못하고, 그런 사람이 되지 못하므로 그런 삶을 살지 못하는 것입니다.

복음에 순종하는 삶이 아니라면 결국 복음 이외의 것들에 순종하고(종노릇하고) 있는 상태입니다. 즉 세상 사상들이나 각종 종교 교리, 그리고 교회를 다녀도 복음이 뭔지 모르는 상태라면 율법(초등 학문) 아래에 있는 상태입니다. 복음에 순종하지 않으면, 복음에 순종하지 않으면, 복음에 순종하지 않으면(세 번이나 강조한 이유를 아시겠죠?-너무나 중요하기에 말입니다) 세상의 그런 사상들이나 율법 아래에 있게 되고, 그렇다면 저주 아래에 있는 상태입니다(갈 3:10).

그러기에 저주를 당할 수밖에 없는 것입니다. 문제를 만날 수밖에 없다는 말입니다. 죽음문제를 비롯한 이런저런 수많은 문제를 만날 수밖에 없고(선악과 사건으로 인해 죽음문제를 비롯한 인생의 모든 문제가 담긴 십자가를 등에 짊어지고 있기에) 그기에 염려하고 속상해하며, 원망, 불평, 신경질, 짜증나는 지옥 같은 삶을 살다가 진짜 지옥으로 갈 수밖에 없는 것입니다. 지옥으로 가기 전까지도 문제들 때문에 스트레스를 받아 정신적으로나 육신적으로도 더 빨리 지치고 병들어 고생하게 됩니다.

그기에 어떤 일이 있더라도 복음에는 순종해야 합니다. 순종하되 늘 순종해야 하며, 순종하되 늘 순종해야 하며, 순종하되 늘 순종해야 하며(세 번 강조함) 대충이 아닌 생명 걸고 순종해야 합니다. 그리해야 앞에서 말한 그런 사람이 되고, 그런 삶을 살게 됩니다. 쌀독에 쌀이 없어도, 지갑에 돈이 없어도, 외양간에 소가 없어도, 세상이 뒤집어지든, 폭발하든 그런 문제들과 상관없이 그 어디서나 항상 기뻐하며, 춤을 추며 그런 삶을 살게 해주신 구원의 하나님을 찬송하며(합 3:17-19) 이 기쁜 소식을 온 세상에 전하게 됩니다(행 1:8).

입만 열면 예수가 그렇게 해주신 분(구원의 하나님=구세주=메시아=그리스도)이라는 것을 노래하고 전하게 됩니다. 이렇게 사는 사람이 진짜 행복한 사람이고(신 33:29), 하나님께서 지으신 목적대로 된 사람입니다(사 43:21). 자기가 그렇게 된 것을 자기가 알게 됩니다. 이런 자기가 진짜 자기(참 자기=새로운 피조물=새사람, 고후 5:17)입니다. 이 세상에 태어나서 이런 자기(참 자기)를 찾지(복음에 순종하여 그렇게 된 자기가 진짜 자기라는 것을 발견하지) 못하면 그 인생은 헛된 인생, 허무한 인생입니다.

　솔로몬 왕처럼 세상 온갖 부귀영화를 누려도 말짱 '꽝'입니다. 진짜 불쌍한 인생입니다. 세상 지식, 세상 사상을 비롯한 돈, 명예, 권력 등 한마디로 세상의 배설물(똥)들만 주물럭거리다가 지옥으로 가게 되기에 하는 말입니다. 그러기에 이 세상의 유명한 사상가나 종교지도자, 인기 강사도 예수가 그리스도라는 것이 믿어지는 믿음이 없는 사람이라면 참 불쌍한 사람인 것입니다. 결국 가룟 유다와 같은 길을 가고 말기에 말입니다(마 26:24).

　그러기에 한 번만이라도 눈을 감고 깊이 생각해 보십시오. 세상 방법으로 우리처럼 이런 복을 누릴 수 있다면, 새로운 피조물(새사람)이 될 수 있다면 예수님께서 오실 필요가 있었겠는가를, 더더군다나 십자가에 달려 죽으실 필요가 있었겠는가를, 세상 방법으로 안 되기에 예수님께서 오셨고, 또한 피를 흘리신 것입니다. 그래서 '예수의 피'밖에 없다고 말하며 노래하는 것입니다(찬 252장).

　죄에서 자유할 수 있는 방법(길)도, 율법문제에서 자유할 수 있는 방법도, 죽음문제에서 자유할 수 있는 방법도 '예수의 피'밖에 없고 지금 만나고 있는 문제를 비롯한 이런저런 인생의 문제들에서 자유할 수 있는 방법도 '예수의 피'밖에 없습니다. 영생은 물론 천국을 비롯한 하나님의 모든 보화를 소유한 천국백성으로서 그 어디서나 하늘나라를 누릴 수 있는 방법도 '예수의 피'밖에 없습니다.

　그러니까 한 마디로 인생의 모든 문제에서 자유할 수 있는 방법도, 천국을 비롯한 하나님의 모든 보화를 지금부터 영원히 누릴 수 있는 방법도 오직 '예수의 피'밖에 없다는 말입니다. 예수님께서 흘리신 피는 그런 엄청난 능력의 피입니다. 그래서 보혈(寶血)이라고 하는 것이며, 그래서 보혈의 능력을 노래하는 것입니다(찬 268장).

그 피가 그런 엄청난 능력의 피라는 것을 믿으라는 말씀대로 믿으면(예수가 그리스도라는 것을 믿으라는 말씀〈복음〉에 순종하면) 그 피의 능력이 자기에게 임합니다. 그러니까 예수님의 피로 인해 우리가 그런 엄청난 복을 누리게 된다는 말씀입니다.

이 비밀을 모르는 사람들은 율법대로 살지 못한 것으로 인해 많이 울면 되는 줄 알고, 잘 참으면 되는 줄 알고, 애쓰고 힘쓰면 되는 줄 알고, 말과 뜻과 행실을 깨끗하고 착하게 하면 되는 줄 알고(찬 544장 1-3절) 계속 그런 방법을 좇아갑니다. 그리하면 고생만 실컷 하고 사망에 이르게 되는데 말입니다(롬 7:10).

그러나 비록 그렇게 살지 못했다 할지라도 10cm에서 1mm가 모자라도, 아니 5cm, 9cm, 10cm 다 모자라도 괜찮습니다. 오직 복음에 순종하면 되기에 말입니다. 즉 오직 "예수가 그리스도라는 것을 믿으라"는 말씀(믿음의 법, 복음)에 순종하면 되기에 말입니다(찬 544장 4절, 롬 3:27). 순종하되 늘 순종하여 늘 그 어디서나 하늘나라를 누리며 또한 많은 사람을 살리는 사람 낚는 어부로 멋지게 살기 바랍니다. 샬롬!

30

꽃이 진 후에야 봄인 줄 알았습니다

"꽃이 진 후에야 봄인 줄 알았습니다."

이 글은 노무현 전 대통령 서거 1주년 기념 현수막에 적힌 글입니다. 권력과 재력과 언력 등 중앙(서울)으로 집중된 것을 일반 국민들에게로, 각 지방으로 돌려주고 나누어 주려고 애쓴 분이었습니다.

그분을 비롯한 민주주의를 위해 피를 흘리고 헌신한 사람들이 있었기에 민주주의라는 꽃밭(봄날) 속에서 백성들이 마음껏 표현하고 살았다는 것을 그분들이 가고 난 후에야 그동안 누렸었던 봄날이 얼마나 소중한 것이었나를 알게 됐습니다.

그런데 진짜 무지한 온 세상 사람들을 위해 죽으신 분이 계십니다. 그 분이 바로 '예수'입니다.

인간(죄인)들이 이런저런 문제들을 만나며 속상해하고 원망, 불평, 신경질, 짜증나는 지옥 같은 삶을 살다가 죽어 진짜 지옥으로 가는 중인데도, 이럴 수밖에 없는 이유가 선악과 사건(마귀에 의한 인간의 오리지널 죄, 창 3:1-6) 때문인데 그런 줄도 모르고, 그러기에 선악과 사건과, 그 사건을 해결할 수 있는 방법이 뭔지에 대해서는 관심조차도 없고 그저 경제문제만 해결되면 되는 줄 알고 열심히 달리고 있습니다.

그런 인간들을 구원하시려고 예수님께서 십자가에 달려 죽기까지 하셨는데 그분이 왜 그랬는지를 아직도 모르는 사람들이 많습니다. 그분은 우리의 꽃 중의 꽃입니다. "꽃(예수)이 진(십자가 사건) 후에야 봄(구세주=메시아=그리스도)인 줄 알았던 사람(그리스도인)들"도 있지만, 그래서 그 봄 속에 살고 있는 사람들도 있지만, 아직도 봄이 뭔지도 모르고 겨울(세상=선악과 사건이 터진 동네=죄, 마귀, 죽음 문제를 비롯한 이런저런 인생의 모든 문제들의 늪) 속에서 추위와 굶주림에 떨며 사는 사람들이 많습니다.

그 추운 겨울 속(선악과 사건이 터진 동네=세상)에서 도덕이나 율법이나, 말과 뜻과 행실을 깨끗하게 하면 되는 줄 알고, 고행이나 각종 종교행위를 하면 우리들처럼 봄을 맞이하여 봄 속의 삶(임마누엘 동산의 삶)을 살 수 있는 줄 알고 열심히 달려가는 사람들도 많습니다.

꽃(예수)이 진(십자가 사건) 후에야 봄(구세주=메시아=그리스도)인 줄이라도 알고 믿으면 다시 살게 되고, 죄에 대해 죽은 자가 되고, 율법에서 벗어난 자가 되고, 새사람으로 거듭나게 되고, 사망의 동네(선악과 사건이 터진 동네)에서 임마누엘 동산(그리스도 안=천국방주 안)으로 들어오게 되고, 영생을 얻게 되고, 하나님의 자녀가 되고, 왕 같은 제사장이 되고, 죄와 마귀와 죽음문제를 비롯한 인생의 모든 문제에서 해방된 참자유인이 되고, 영생은 물론 하나님의 모든 것을 소유한 천국백성이 되고, 무슨 일을 만나든지 만사형통하게 되고(찬 384장), 그 어디서나 하늘나라를 누리게 되는 참으로 엄청난 복을 누리게 되는데 말입니다(찬 438장).

이렇게 엄청난 복을 누리게 해주신 분이 예수님인데, 그렇게 해주신 증거가 그분이 당하신 십자가 사건(피)인데, 그러기에 예수가 우리의 구세주(메시아=그리스도)인데, "예수가 그리스도라는 것을 믿으라"는 말씀에 순종하기만 하면 그런 엄청난 복을 실제로 누리게 되는데 사람들이 세상의 왕(대통령) 노릇을 하고 간 그분들을 향해서만 "꽃이 진 후에야 봄인 줄 알았다"고 한숨만 짓고 있으니 참으로 안타까운 일입니다.

진짜 안타까워해야 할 일은 꽃(예수)이 진(십자가 사건) 후에도 봄(구세주=메시아=그리스도)인 줄 모르고 사는 자기 자신을 안타까워해야 하는데 꽃(예수)이 진(십자가 사건) 후에 다시 피어난 꽃(예수님의 부활사건)으로 우리들 앞에 나타나 40일 동안이나 함께 하시다가 십자가에서 흘리신 그 거룩한 피를 들고 참 지성소(천국)로 들어가 우리의 죄를 영원히 깨끗하게 씻어 주셨는데 그게 예수님의 승천 사건인데 말입니다.

그분이 다시 오마 약속하고 가시면서 이 꽃은 죽어도 다시 사는 꽃이라며, 그러기에 생명 그 자체라며, 이 꽃이 진짜 꽃이라는 것을 마음으로 믿고 영접하면 너희들도 이 꽃처럼 영원하리라고 하셨는데 사람들이 아직도 이 꽃이 무슨 꽃인 줄도 모르고 그저 경제문제만 해결되면 만사형통이나 되는 줄 알고 열심히 달리고 있습니다.

그렇게 열심히 해서 세상 것들을 많이 움켜잡아봤자, 높이 올라가봤자, 솔로몬 왕처럼 세상 온갖 부귀영화를 다 누리고 살아봤자 헛되고 헛된 것인데(전 1:2-3), 배설물(똥)인데(빌 3:8), 그런 것들은 자기 자신을 이렇게 살려내지도 못하고, 봄 속으로 들어와 봄 속의 삶을 살 수 있게 해주지도 못하는데 말입니다.

그러나 예수가 그리스도(겨울 속에 살다가 진짜 참 겨울〈지옥〉 속으로 들어 갈 수밖에 없는 죄인들을 십자가 사건을 통해 봄 속으로 들여보내주시고 또한 그 봄 속의 삶을 지금부터 영원히 누리게 해주신 구원의 하나님=구세주=메시아)라는 것을 믿으라는 말씀에 순종하면 우리들처럼 이렇게 봄 속에 들어와 봄 속의 삶을 지금부터 영원히 살게 될 텐데, 꽃(예수)이 진(십자가 사건) 후에야 봄(구세주=메시아=그리스도)인 줄을 알기라도 했으면 좋겠는데, 봄 속에 들어왔어도 삶의 현장에서 "예수가 그리스도라는 것을 믿으라"는 말씀에 늘 순종하여 늘 그 어디서나 하늘나라(봄)를 누리기 바랍니다. 샬롬!

31

맹모 삼천지교(2)

맹자 어머니가 맹자를 교육시키기 위해 세 번이나 이사를 갔다는데서 생겨난 말이 '맹모삼천지교'입니다. 처음에 공동묘지 근처에서 살다보니 맹자가 늘 보던 것을 따라 곡을 하고 장사지내는 놀이를 하며 놀았습니다. 맹자 어머니가 그런 모습을 보고 안 되겠다 싶어서 시장 근처로 이사를 했습니다. 그러자 맹자가 이번에는 시장에서 물건을 사고파는 장사꾼들의 흉내를 내면서 놀았습니다.

맹자 어머니가 이곳에서도 안 되겠다 싶어 이번에는 글방(서당) 근처로 이사를 했습니다. 그랬더니 맹자가 글 읽는 놀이도 하고 제사 때 쓰는 제구들을 늘어놓고 절하는 법, 나아가고 물러나는 법등, 사람으로서의 행실, 예법에 관한 놀이를 했습니다. 맹자 어머니가 이곳에서 사는 것이 아들에게 좋겠다는 생각으로 거기서 살았는데 그 덕분에 뛰어난 유학자가 되어 '아성'이라고 불리게 되었답니다.

이것을 이렇게 얘기하는 사람도 있습니다. 처음에 공동묘지 근처에 산 것은 맹자에게 인간은 결국 죽는다는 것을 먼저 가르쳐 주기 위함이고, 시장 근처로 이사를 간 것은 사람들이 어떻게 사는지를 가르쳐 주기 위함이고, 서당 근처로 이사를 간 것은 결국 인간은 죽을 수밖에 없는 존재라는 것을 알고 서당에서 익힌 지식을 자기 영달을 위해 사용하는 것이 아니라 세상을 위해 쓰는 사람이 되라고 그렇게 세 번 이사를 했다고 해서 '맹모삼천지교'라는 말이 생겨난 것이라고도 합니다.

사람들은 이렇게 말도 잘 지어냅니다. 처음 얘기를 들으면 그게 맞는 것 같고, 두 번째 얘기를 들으면 그게 더 타당하다는 생각을 하게 되고, 또 다른 사람들에게 얘기를 옮깁니다. 앞의 얘기를 들어서 아는 사람은 뒤의 얘기를 듣게 될 때 뭔가 더 특별한 것을 알게 된 것처럼 좋아합니다. 세상 얘기는 이렇게 저렇게 만들어져 나옵니다. 어쨌든 교육환경이 중요하다는 것을 말해주는 것임에는 틀림없습니다.

맹자의 어린 시절을 보면 역시 어린아이는 순진무구하여 보고 듣고 배운 대로 잘 따라 한다는 것을 알 수 있습니다. 어린아이 때의 환경이, 교육이 그만큼 중요하다는 것을 일깨워 주는 얘기입니다. 그래서 세상의 많은 사람들이 자기 자식을 훌륭하게 키우기 위해 보다 나은 환경, 보다 잘 가르치는 곳을 찾아다닙니다. 세상 것을 가르치는 데는 그렇게 애를 쓰며 중요하게 여기면서 정말 중요하게 여겨야 할 것에는 관심조차 없습니다.

정말 맹모삼천지교가 적용돼야 할 데가 있습니다. 그곳이 교회입니다. 교회가 정말 중요합니다. 자녀들을 어떤 교회로 보내느냐가 너무너무 중요합니다. 자녀들이 율법적인 설교를 하는 목사가 있는 교회로 가면 틀림없이 율법주의자가 되고, 율법+예수=혼합주의자인 목사가 있는 교회로 가면 틀림없이 혼합주의자, 양다리 걸친 자가 되기에 말입니다. 그러므로 자녀들을 예수가 그리스도라는 것을 제대로 가르치는 교회에 보내야 합니다.

그래야 하나님을 다시 만나 천국을 비롯한 하나님의 모든 것을 누리게 되고 죄, 마귀, 죽음, 지옥 문제를 포함하여 지금 만나고 있는 문제를 비롯한 인생의 모든 문제에서 해방된 '참 자유인'으로 살게 되기에, 그 어디서나 하늘나라를 누리게 되는 '참 평안인'으로 살게 되기에 말입니다.

그러므로 더 이상 문제 될 것도 없고, 더 이상 부족함도 없는 것은 당연한 것이고, 그러기에 세상일보다 천국일을 하게 되는 것입니다. 천국대사(왕 같은 제사장, 사람 낚는 어부)로서 천국의 일, 하나님의 일을 하게 된다는 말입니다. 즉 이 세상에서의 자기에게 주어진 시간과 물질과 몸을 사람들을 살리는 일에 쓰게 된다는 말입니다.

이런 사람은 그 어디에 갔다 놔도, 그 어떤 문제를 만나도 살아남을 수밖에 없고 성공할 수밖에 없습니다. 임마누엘인(그리스도인)이기 때문에 그렇게 됩니다. 문제를 만나더라도 그 문제가 문제로 안 보이기에 문제 앞에서 염려하거나 속상하지 않게 됩니다. 이전에는, 즉 선악과 사건이 터진 동네(세상)에 살 때는 염려주의자였는데 이젠 그런 딱지가 떨어져 나가고 감사와 찬송하는 자가 됩니다.

　이전에는 염려주의자였기에 늘 염려하며 산 관계로 염려의 열매(염려했던 것이 자기에게 임함, 욥 3:25)가 맺혔지만 복음주의자, 답을 가진 자가 되면서부터는 염려 자체가 안 됨으로 염려의 열매가 맺히지 않습니다. 오히려 막혔던 것이 뚫리고, 맺혔던 것이 풀리고, 답답했던 마음이 시원해집니다. 자유한 자기 영혼이 늘 노래하고 춤을 춥니다. 신나고, 즐겁고, 기쁩니다. 유쾌, 통쾌, 상쾌합니다. 시간표에 따라 다 되어 집니다(마 6:33).

　그러기에 먼저 그의 나라와 그의 의를 구하라고 하신 것입니다(마 6:33). 그걸 구할 수 있는 방법이 있습니다. 자기 생각, 자기 고집, 세상 방법, 도덕이나 율법이나 인간의 그 어떤 방법으로도 안 된다는 것을 알고 일단 먼저 "예수가 그리스도라는 것을 믿으라"는 말씀에 순종하면 됩니다(롬 3:27). 그리하면 나머지가 됩니다. 이게 하나님의 비밀이고 하나님의 모든 것을 누리는 방법입니다. 그러기에 자기의 그 얄팍한 지식으로 하나님께 도전하지 말고 하나님의 말씀에 먼저, 먼저, 먼저 순종하기 바랍니다.

　그리하면 분명히 되는 하나님의 능력을 보게 됩니다. 이런 하나님의 비밀을 알고 누리고 사는 사람이 진짜 행복한 사람입니다. 이런 사람들은 교회(세상 학교와는 비교할 수 없는 진짜 참 학교)를 중요시합니다. 어떤 일이 있더라도 자녀들을 교회(하나님께서 세우신 참 학교)로 보냅니다. 세상 학교는 안보내도 참 학교는 보냅니다. 참 학교를 중요시하고 잘 다니는 자녀는 세상 학교에서도 자동으로 잘 하게 되어 있습니다.

왜냐면 인간이 어떤 존재며, 인생이 뭔지, 왜 이런저런 문제들을 만나게 되는지, 왜 염려하고 속상해하며 원망, 불평, 신경질, 짜증나는 삶을 살 수밖에 없는지, 어떻게 하면 해결되는지에 대한 답을 알았기 때문에, 천국을 비롯한 하나님의 모든 것을 소유해버렸다는 것을 알았기 때문에, 이 세상에 발을 딛고 있는 이유도 아는 것입니다. 즉 이 세상에서의 주어진 시간과 재물과 봄을 사람 살리는 일에 쓰게 되는 것입니다. 사람이 그렇게 되어 집니다. 사람을 살리기 위해 세상에 존재한다는 것을 너무나도 확실히 알기 때문에 삶의 방향, 목표가 뚜렷할 수 밖에 없는 것입니다. 그런 상태에서 공부도 하고, 일도하게 되므로 스트레스도 안 받게 되고 더 잘하게 되는 것입니다.

그런 것들을 자기 영달을 위해 열심히 하는 것이 아니라 사람들을 살리는데 거름으로 사용하기 위해 열심히 하게 됩니다. 그러기에 생각하는 것 자체가 땅의 생각, 세상 것들에 대한 생각이 아니라 하나님과 같이 사람을 살리는 일에 대한 생각입니다. 자기에게 주어진 시간, 물질, 몸까지도 사람 살리는 일에 사용하게 되는 위대한 사람이 됩니다. 그러기에 맹모삼천지교를 세상(육)적으로만 적용치 말고 영적으로 적용하기 바랍니다.

복음을 잘 가르치는 교회에 가서 배우는 것이 진짜 교육 중의 교육이라는 것을 알고 그런 교회로 가기 위해 집을 세 번 아니라 열 번도 옮겨야 합니다. 그래야 맹자보다도 더 위대한 사람, 맹자 어머니보다도 위대한 어머니가 되는 것입니다. 하나님으로부터 잘 했다 칭찬 받고, 상급까지 받게 됩니다(계 22:12). 샬롬!

32

연주활동을 하되 음악에 대해 알고 하는 것이

목소리나 악기를 통해 연주활동을 하되 악보 상에 나타난 악상 기호나 악보를 보는 눈을 가지고 연주활동을 하는 사람이 있고, 그러지 못한 사람도 있습니다. 그러니까 다들 음악, 음악, 음악이 라는 말을 하며 음악활동을 하지만 진짜 음악을 알고 음악활동을 하는 사람이 있듯, 다들 예수, 예수, 예수라는 말은 하지만 예수가 그리스도라는 것을 제대로 알고 신앙생활(방주 안에 올라탄 상태에서 감 사 찬송하며 그 어디서나 하늘나라를 누리는 삶, 사람 낚는 어부의 삶)을 하는 사 람도 있다는 말입니다.

음악을 제대로 알고 음악활동을 하는 것과 음악을 제대로 모르 고 음악활동을 하는 것이 다르다는 것을 자기가 언제 알게 되느냐 하면? 음악에 대해 계속 공부하다가 어느 날 '아하! 음악이란 이런 것이구나!'를 깨닫게 될 때입니다. 그렇듯이 예수가 그리스도라는 것을 알고 신앙생활하는 것과 그렇지 못한 상태에서 신앙생활하는 것이 다르다는 것을 자기가 언제 알게 되느냐 하면 예수에 대해 계속 공부하다가 어느 날 '아하! 예수가 그리스도라는 말이 이렇게 엄청난 말이었구나!'를 깨닫게 될 때입니다.

그래야 "예수가 그리스도라는 것을 믿으라"는 말씀(복음)에 순종하는 것(삶)이 얼마나 중요한지도 알게 되고, "예수가 그리스도라는 것을 믿으라"는 말씀(복음)에는 생명 걸고 순종하게 됩니다. 복음에 순종함으로 하나님의 역사를 체험하게 됩니다. 예수 따라 가며 복음 순종하면 우리 행할 길 환해집니다(찬 449장). 나머지가 되어집니다(마 6:33). 무슨 일을 만나든지 만사형통하게 됩니다(찬 384장). 천국 문에 이르기까지 환한 길을 걷게 됩니다(찬 449장). 그 어디서나 하늘나라를 누리게 됩니다(찬 438장).

그러니까 그냥 예수, 예수, 예수라는 말만 하고 있으면 안 됩니다. 2,000년 전 아볼로도 예수가 그리스도라는 것을 제대로 모르는 상태에서 예수, 예수, 예수라는 말을 했습니다. 말을 한 정도가 아니라 예수에 대해 가르치기까지 했습니다. 그런 아볼로가 예수가 그리스도라는 것을 제대로 알고 있었던 브리스길라와 아굴라를 만나게 됩니다. 그들을 통해 아볼로가 예수가 그리스도라는 것을 제대로 알게(공부하게) 됐던 것처럼(행 18:24-28), 지금 이 글을 읽고 있는 분들 중에 자기 자신이 아볼로 수준에 머물러 있다고 판단되면 예수가 그리스도라는 것을 제대로 아는 사람을 만나 예수가 그리스도라는 것을 제대로 배워야 합니다.

아볼로에게 브리스길라와 아굴라의 만남이 주어진 것처럼, 그 래서 그냥 말로만 예수, 예수가 아닌 진짜 예수가 그리스도라는 것을 제대로 알게 된 것처럼, 그대에게도 예수가 그리스도라는 것을 제대로 알고 말해 주는 사람과의 만남이 있게 되기를 바랍니다. 그런 만남은 하나님께서 예비하신 축복의 만남입니다. 그런 만남이 주어지면 아볼로처럼 겸손하게 받아들여야 아볼로처럼 진짜 행복한 사람이 됩니다.

지금 이렇게 말해주는 정원기와의 만남도 축복의 만남입니다. 하나님께서 책을 통해 이런 만남도 주신 것이니 책속의 글들을 통해 예수가 그리스도라는 것을 제대로 알기 바랍니다. 아볼로 수준에서 브리스길라와 아굴라, 그리고 정원기 수준의 사람들이 되기를, 정말 진짜 행복한 사람들이 되기를 그리스도이신 예수 이름으로 축복합니다.

음악도 그냥 음악, 음악, 음악이라는 말을 하며 음악활동을 하는 자리에서 나와야, 즉 진짜 음악을 아는 사람을 통해 음악을 공부해야 음악이 뭔지 알고 진짜 음악(연주)활동을 하게 되는 것처럼, 예수도 그냥 예수, 예수, 예수라는 말만 하며 신앙생활 하는 자리에서 나와야, 즉 예수가 그리스도라는 것을 제대로 알고 가르쳐 주는 사람을 만나야 제대로 알게 되고 누리게 되는 것입니다.

그런 사람을 만나야 최고의 것을 얻게 되는데, 사람들이 먹을 것, 입을 것, 돈다발이나 집을 한 채 공짜로 주는 사람, 즉 세상 것을 챙겨주고, 세상적으로 잘해 주는 사람과의 만남을 더 좋아합니다. 예수가 그리스도라는 것을 제대로 가르치고 전해 주는 사람을, 무엇보다도 "예수가 그리스도라는 것을 믿으라"는 말씀에 순종하는 것이 하나님아버지께서 시키신 일(요 6:29)을 제대로 하는 것이라는 것을 전해주는 사람을 좋아하고 귀하게 여겨야 하는데 말입니다.

사람들이 예수, 예수, 예수라는 말을 하면서도 그 예수가 죄 문제를 비롯한 인생의 모든 문제의 답 그 자체라는 것을, 영생은 물론 천국을 비롯한 하나님의 모든 보화 그 자체라는 것을, 그동안 말로만 들었던 하나님 그 자체라는 것을, 찬송가 96장의 스무 가지 내용 그 자체라는 것을 영혼의 피부로 느끼지 못하고 그냥 말로만 예수, 예수하는 사람들이 많기에 하는 말입니다.

자기 옆에 "예수가 그리스도라는 것을 믿으라"는 말씀에 순종하는 것이 최고로 행복한 삶이라고 말해 주는 사람이 있다면 그 사람은 그냥 보통 사람이 아니라 진짜 특별한 하나님의 사람이며, 하나님이 붙여주신 정말 정말 귀한 사람입니다. 그 사람이 혹시 세상적으로 실수를 하고 부족함이 있다 할지라도 예수가 그리스도라는 것을 진짜 제대로 알고 제대로 전해주는 사람이기에 그런 사람이 진짜 귀한 사람이요, 하나님의 사람입니다. 하나님이 보낸 귀한 사람으로 여기고 배우기 바랍니다.

그래야 음악을 알고 음악(연주)활동을 하게 되듯, 예수를 알고 예수 활동(최고의 것을 챙겨들고, 그것을 누리고 전하는 복된 삶, 영광스런 삶)을 하게 됩니다. 그리고 부부일 경우에는 남편과 아내 둘 다 이런 내용을 알고, 즉 예수가 그리스도라는 것을 제대로 알고 그것을 믿으라는 말씀에 순종해야 진짜 행복한 삶을 살게 됩니다. 그 어디서나 하늘나라를 누리게 됩니다. 그러나 어느 한쪽만 알고 순종해서는 그런 삶을 살 수 없습니다. 부부는 한 몸이기에 둘 다 제대로 알고 제대로 순종해야 그렇게 살 수 있습니다.

어느 한쪽만 알고 살게 되면 영적인 상태가, 생각 자체가 다르기 때문에, 즉 한쪽은 선악과 사건이 터진 동네(세상)에서의 삶(죄 문제를 비롯한 인생의 모든 문제의 늪에 빠진 상태에서의 삶)이요, 한쪽은 임마누엘 동산(그리스도 안)에서의 삶(죄 문제를 비롯한 인생의 모든 문제에서 해방되어 하나님과 함께 하늘나라를 누리는 상태에서의 삶)이기에 대화 자체가 안 되는데 어찌 행복할 수 있겠습니까. 그러기에 이런 영적인 내용을 모르는 사람과 짝을 짓지 말라고 하신 것입니다(고후 6:14-16).

이제 정리하고 마치렵니다.
오늘은 음악(연주)활동을 하되 악보 상에 나타난 악상기호나 악보를 보는 눈을 가지고 연주활동을 해야, 즉 음악에 대해 공부를 제대로 해야 음악(연주)활동을 제대로 할 수 있다는 것을 말씀드렸습니다. 그래야 연주하는 자기 자신도, 듣는 사람들도 뜨거운 감동을 받게 되는 것입니다. 그대가 살고 있는 주변에 음악에 대해 제대로 공부해서 제대로 연주활동을 하는 사람이 있는 것처럼, 예수에 대해 제대로 공부해서 제대로 예수 활동(최고의 것을 챙겨들고 그

것을 누리고 전하는 복된 삶, 영광스런 삶)을 하는 사람들이 있으니까 그런 사람을 만나게 되거든 귀한 만남인 줄 알고 잘 배우기 바랍니다.

특히 처녀, 총각들은 배우자 될 사람이 예수가 그리스도라는 것을 제대로 알고 순종하는 사람인지를 확실히 알아 본 후, 확실하다는 판단이 서거든 짝을 지어 살고, 예수 활동도 멋지게 하기 바랍니다. "예수가 그리스도라는 것을 믿으라"는 말씀에 순종하는 이것 하나가 아무것도 아닌 것 같지만 이것 하나가 엄청난 하나님의 역사를 체험하게 되는 것입니다. 그대도 순종하여 꼭 체험하기 바랍니다. 샬롬!

33

해를 품은 달

MBC TV 드라마 '해를 품은 달'에서 해는 왕(이훤 역의 김수현)을 가리키고, 달은 보통 사람(허연우 역의 한가인)을 가리킵니다. 연우가 액받이 무녀로 등장하여 왕의 액기운을 받아들이기 위해 밤마다 왕이 잠든 침실로 들어갑니다. 결국 달이었던 허연우가 해인 이훤 왕과 함께하게 되는 일, 즉 달이 해를 품게 되는 일이 일어났습니다.

그렇게 되기 전까지는 달(허연우)이 해(이훤 왕)를 품으려고 해도,(한 몸 되려고 해도) 왕과 함께 왕궁에서 사랑하며 살고 싶어 해도 둘 사이에 온갖 방해꾼들이 있어 그렇게 되지 못했습니다. 허연우의 삶은 어디론가 잡혀가서 매를 맞으며 모진 고통을 당하기도 하고, 죽음에 이르기도 하고, 귀신을 섬기는 무녀가 되어 액받이 노릇까지 하게 되는 그야말로 파란만장했습니다. 그러나 끝내 왕과 함께 왕궁에서 살게 됩니다. 달이 해를 품게 되었다는 말입니다. 물론 해(왕=이훤)가 달(액받이=허연우)을 사랑했기 때문입니다.

그런 내용의 드라마를 보면서 무슨 생각을 했습니까? 나는 영적으로 생각하며 봤습니다. 영적으로 옮겨서 얘기해 볼 테니 잘 읽어 보기 바랍니다.

달(月)인 허연우를 우리들로 보고, 해(日)인 이훤 왕을 하나님으로 보면 됩니다. 우리는 '달'이고 하나님은 '해'라는 말입니다. 달인 우리도 해(하나님=진짜 참 왕=만왕의 왕)를 품기 전까지 허연우처럼 그런 어렵고 힘든 삶을 살았습니다. 마귀와 그의 졸개들인 귀신들에게, 그리고 그에 속한 사람들에게 이 모양, 저 모양의 괴롭힘을 당하고 살았습니다.

내가 당한 일을 얘기 해보겠습니다. 어느 날부터 해가 그리웠습니다. 해를 만나고 싶은 마음이 간절했습니다. 그러지 않고는 내가 죽을 것만 같은 생각에 교회로 달려갔습니다. 달인 내가 해인 하나님을 품으려고 교회로 달려갔던 것입니다. 해를 품으려고 얼마나 열심이었는지 모릅니다. 예배는 물론이고 여기저기 집회도 많이 다녔고, 봉사도 많이 했고, 종교지도자들의 설교도 많이 들었습니다. 세상과 담을 쌓고 현대판 바리새인의 삶을 살았습니다. 사람들이 그러는 나를 보고 장차 장로감이라고 하더군요.

그런데 나중에 알고 봤더니 그래가지고 되는 게 아니었습니다. 그런 방법은 해(하나님)를 품게 되기는커녕 어둠 속에, 사망에 이르게 된다는 것을 알았습니다(롬 7:10). 그런 방법들은 진리(예수가 그리스도라는 것을 믿으라는 말씀에 순종하면 해를 품을 수 있다는 말씀)가 아닌 거짓말(예수가 그리스도라는 것을 믿으라는 말씀에 순종하면 된다는 말씀 이외의 도덕이나 율법이나 고행이 수반된 종교행위를 해야, 말과 뜻과 행실을 깨끗하고 착하게 해야, 십일조 헌금을 철저히 해야 해를 품게 된다는 거짓말)이었는데 그때는 그게 진리인 줄 알고 열심히 좇았던 것입니다.

그런 나였기에 마귀와 그의 졸개들인 귀신들과 그에 속한 사람들이, 종교지도자들이 나를 맘껏 가지고 놀았던 것입니다. 그동안 그들은 그럴듯한 그런 방법들로 나를 속이고, 괴롭히고, 가지고 놀았던 것입니다. 그러나 왕(이훤)이 액받이(허연우)를 사모(사랑)하였기에, 그리고 그 왕이 악한 자들을 다 물리치고 끝내 허연우와 함께하게 된 것처럼, 만왕의 왕이신, 진짜 태양(빛)이신 하나님께서 마귀(어둠)를 비롯한 악한 자들을 다 물리쳐 주시고 나와 함께 해주셨습니다.

선악과 사건이 터진 동네(세상)의 저주 받은 삶(죽음문제를 비롯한 인생의 모든 문제를 만날 수밖에 없는 삶)도 깨끗하게 청산시켜 주시고 임마누엘 동산(왕궁=그리스도 안)으로 옮겨 주셨습니다. 사망의 동네에서 생명의 동네로 옮겨 주셨습니다(요 5:24). 그렇게 해주신 증거가 있습니다. 그게 예수님의 십자가 사건(피, 요 19:1-30)입니다.

예수님께서 당하신 십자가 사건은 달(선악과 사건에 빠진 죄인들인 우리)이 다시 해를 품을 수 있게 해주신 엄청난 사건이었습니다. 예수께서 그렇게 해주셨기에 그분이 우리들에게 있어서 구세주(메시아=그리스도)가 아니고 무엇이겠습니까? 그렇습니다. 그분이 우리의 구세주(메시아=그리스도)입니다. 즉 예수가 그리스도입니다. 예수가 그리스도라는 것을 알기만 해서는 안 됩니다. 그분을 마음속에 받아들여야(영접해야) 합니다.

그리하면 선악과 사건(죄)으로 인해 해(하나님)를 떠났던 우리가 다시 해를 품게 되는 놀라운 일이 일어납니다. 그러므로 그 어디서나 하늘나라(천국)를 누리게 되는, 임마누엘 동산에서의 복된 삶을 누리게 되는 놀라운 일이 일어납니다. 즉 '해품달(해를 품은 달)'이 되는 놀라운 일이 일어난다는 말입니다.

해(하나님)를 품은 달(그리스도인)도 되지만 '달을 품은 해(달품해)'도 됩니다. 사실은 해(진짜 만왕의 왕, 참 태양〈해〉이신 하나님)가 먼저 달(그리스도인)을 품은 것입니다. 해가 달을 품기 위해 예수님의 생명까지 내놓게 하셨기에(십자가 사건), 그 해가 우리를 너무나 사랑하셨기에 해가 달을 품은 것입니다. 우리가 그 품에 안겨 그 사랑을 누리며 살게 되었으니 이런 사랑이 어디 있겠으며, 이런 행복이 어디 있겠습니까.

이 사랑, 이 행복을 누리게 해주시려고 그분은 그 모진 고통을, 그 엄청난 십자가 사건(피)을 당하기까지 하셨는데 우리가 이 사랑, 이 행복을 누리지 못한다면 그건 그분이 당하신 십자가 사건을 헛되게 만드는 것입니다. 그것은 해의 가슴(마음)을 아프게 하는 것입니다. 십자가 사건을 헛되게 만드는 일을 하지 않으려면 예수가 그리스도(그 엄청난 십자가 사건을 통해 참 사랑을, 참 행복을 누리게 해주신 구원의 하나님=구세주=메시아)라는 것을 믿으라는 말씀에 늘 순종해야 합니다. 불순종하는 것이 죄라는 것을 알고(요 16:9) 절대로 불순종하는 일이 있어서는 안 됩니다.

사람들은 도덕이나 율법대로 살지 못하는 것만 죄라고 생각하는데 그보다 더 큰 죄가 "예수가 그리스도라는 것을 믿으라"는 말씀에 불순종 하는 것입니다. 비록 우리가 도덕이나 율법대로 살지 못했다 할지라도 예수께서 그런 우리를 십자가 사건(피)을 통해 임마누엘 동산으로 건져내(구원) 주셨으니 그 분이 우리에게 있어서 구세주(그리스도)라는 것을, 그러기에 "예수가 그리스도라는 것을 믿으라"는 말씀에 순종하라고 하신 것인데 이 말씀에 순종하지 않으면 어찌 되겠습니까? 그렇게 되면 죄 문제도 해결되지 않지만 예수님의 십자가 사건을 헛된 사건으로 만들어버리는 것입니다.

그러니까 선악과 사건(오리지널 죄)에 빠진 것도 큰 죄이지만, 그 큰 죄와 도덕이나 율법대로 살지 못한 그 죄 문제까지 해결해 주시기 위한 십자가 사건을 헛된 사건으로 만드는 것이 진짜 큰 죄라는 것을 알아야 합니다. "예수가 그리스도라는 것을 믿으라"는 말씀에 불순종한 것이 선악과 사건에 빠진 죄보다 더 큰 죄라는 것을 알아야 합니다. 사람들이 이런 내용도 모르고 그냥 예수 믿는다며 회개하고 울고불고 난리인데 그런 생태에서의 교회생활은 세상 사람들이 하는 종교행위나 마찬가지입니다.

그러기에 예수가 그리스도라는 것을 제대로 알고, 알았으면 그것을 믿으라는 말씀에는 순종하는 것이 너무너무 중요한 것입니다. 순종하되 정말 생명 걸고 순종해야 합니다. 지금도 불순종하고 있다면 빨리 순종으로 돌아서야 합니다. 그렇게 하는 것이 진짜 회개요, 어둠에서 빛으로 나오는 회개요, 사망에서 생명을 얻는 회개요, 사망의 동네에서 생명의 동네로 옮겨지는 회개요, 선악과 사건이 터진 동네에서 임마누엘 동산으로 옮겨지는 회개입니다.

그리하면 죽었던 영혼이 살아납니다. 깃털처럼 가벼워진 자기 마음(심령)이 보입니다. 선악과 사건 때부터 짊어지고 살았던 죄 문제를 비롯한 이런저런 인생의 모든 문제들이 다 사라지는 것을 보게 됩니다. 선악과 사건 때부터 짊어지고 있었던 자기 등 뒤의 무거운 십자가가 벗어진 것을 보게 됩니다. 예수님의 십자가 사건은 내 등 뒤의 무거운 십자가(죄와 죽음문제를 비롯한 인생의 모든 문제)를 벗겨 주신 사건, 내 십자가를 예수님께서 대신 짊어져 주신 사건이었기에 그렇다는 것을 자기가 압니다.

해를 품은 달(해품달)이라면 이미 해를 품은 상태이기에 더 이상 문제될 것도, 더 이상 부족함도 없는 그야말로 임마누엘 동산에서의 삶(그 어디서나 하늘나라)입니다. 그러기에 더 이상 할 일이 없어서 세상에서의 주어진 시간, 물질, 몸을 사람 살리는 일에 쓰게 되는 것입니다. 이것이 해품달의 삶인 것입니다. 이것이 이웃을, 민족을, 인류를 사랑하는 아름다운 삶입니다.

그대는 해를 품었습니까? 그렇다면 예수님의 피(십자가 사건)를 잊지 마시길, 언제나 늘 한결같게 예수가 그리스도라는 것을 잊지 마시길, 그러기 위해서는 늘 "예수가 그리스도라는 것을 믿으라"는 말씀에 순종하시길, 그리하여 해품달의 삶, 임마누엘의 복된 삶을 사시길, 결혼을 하려거든 이런 내용을 아는 사람, 즉 해품달인(해를 품은 사람)과 하시길, 그래야 진짜 사랑으로 사랑하게 되기에 말입니다. 허연우(달)가 이훤(해)를 품은 것과 비교할 수 없는 사랑으로 사랑하게 되기에 말입니다. 샬롬!

34

위대한 탄생

'위대한 탄생'이라는 프로그램에 출연한 가수 지망생(멘티=제자)들이 스승(멘토)들과 같이 노래를 부르는 스페셜 무대가 있었습니다. 멘티들이 멘토들을 향해 "같이 노래하게 된 것이 너무나 큰 영광이었다"고 말했습니다. 새파란 젊은 풋내기 가수들이 노련한 선배 가수요, 스승인 멘토들과 오색 조명으로 물든 화려한 무대에서 같이 노래하게 되었으니 얼마나 큰 영광이겠습니까.

그들은 그렇게 노래를 부르는 일이 일 그 자체요(직업), 그 일로 인해 영광도 누리고, 그 일로 인해 본인도 즐겁고, 그 일로 다른 사람들까지 즐겁게 해주고 돈도 벌어서 먹고 삽니다. 그들은 많은 사람들로부터 박수도 받고, 많은 사람들의 부러움의 대상입니다.

나도 성악공부를 한 사람이고, 무대 위에서 노래도 많이 불렀고, 오페라의 주인공도 했습니다. 오페라를 마치고 난 후 출연자들이 한 사람씩 무대 위로 다시 나와서 인사를 하는데 그때 관객들의 박수와 환호성은 말로 형용할 수 없는 기분을 느끼게합니다.

그때가 대학 4학년 때였는데 교수님(멘토)께서 나를 그런 무대에 설 수 있도록 지도해주신 것에 대해 너무나 감사했고 큰 영광이었습니다. 지금은 음악교사로서 학생들과 늘 노래 속에 삽니다. 노래하는 것이 나의 일 자체입니다. 노래해서 좋고, 노래하고 돈까지 벌어 먹고 살아서 좋습니다. 참 좋은 일(직업)입니다. 일을 해도 이런 일을 해야 합니다(ㅋㅋ).

내가 왜 이런 글을 적고 있을까요?
옛날의 나를 자랑하기 위함이 아니라 예수가 그리스도라는 것을 말(자랑)하고 싶어서입니다. "예수가 그리스도라는 것을 믿으라"는 말씀에 순종하면 멘토(하나님)와 함께 노래하게 되는 진짜 참 영광을 누리게 되기 때문에 하는 말입니다. 노래를 해도 진짜 참 노래(찬송가)를 하게 됩니다. 선악과 사건이 터진 동네(세상)의 아담 안에서 태어난 저주받은 옛사람이 아닌 예수 안에서 거듭난 새사람이 되어 새 동네, 답 동네, 복 동네(임마누엘 동산)에 들어와서 새 노래를 하게 됩니다. 하나님(멘토 중의 참 멘토)과 함께 참 노래를 하게 되었으니 이보다 큰 영광이 어디 있겠습니까.

내가 "예수가 나의 구원의 하나님(구세주=메시아=그리스도)"이라고 노래하면 하나님께서는 "그래~ 내가 너를 선악과 사건이 터진 동네(세상=죄 문제를 비롯한 이런저런 인생의 모든 문제의 늪에 빠져서 염려하고 속상해하며, 원망, 불평, 신경질, 짜증나는 노래를 부르며 지옥 같은 삶을 살다가 진짜 지옥으로 갈 수밖에 없는 동네)에서 건져낸 구세주란다~"라고 노래하십니다.

또 내가 "하나님! 사랑해요!~"라고 하면 하나님께서는 "나는 너보다 훨씬 더 많이 사랑해, 나는 사랑 그 자체거든"이라고 응답해주십니다. 하나님과 늘 이렇게 얘기하며, 사랑의 이중창을 하며 삽니다. 늘 얘기하고 늘 노래하고 살기에 심심하지도 않고 우울하지도 않고 늘 기쁘고, 즐겁고, 신납니다.

예수가 그리스도라는 것을 몰랐을 때도 노래하는 것이 나의 일이었는데 예수가 그리스도라는 것을 알고 난 후에 이렇게 새사람이 되어, 새 동네에서, 새 노래를 하게 되었으니, 이렇게 새 노래를 하는 일이 나의 일이 되었으니, 하나님께서 지으신 목적대로 되었으니(사 43:21) 얼마나 큰 영광인지 말로 다 형용할 수 없습니다.

생명 그 자체요, 사랑 그 자체요, 말씀 그 자체요, 노래 그 자체이신 하나님을 다시 만났으니 나 또한 생명과 사랑이 있는 자요, 말씀과 노래가 있는 자입니다. 나는 노래하는 '참 가수'입니다. 아담 안에서 태어난 내가 이렇게 참 가수로 거듭나게 되었으니, 새로 태어나게 되었으니 이게 '위대한 탄생'이 아니고 무엇이겠습니까.

'위대한 탄생'에 나온 그런 가수 지망생들이 그렇게 힘든 과정을 거쳐 가수가 되는 것이 위대한 탄생이 아니라, 썩어 없어질 그런 노래, 썩어 없어질 그런 가수로 거듭나는 것이 위대한 탄생이 아니라, 그것은 진짜 거듭난 것도 아니며 결국 아담 안에서 태어나 아담의 노래(세상의 썩어 없어질 노래)를 부를 수밖에 없는 자들이기에 참 가수는 아닙니다.

나도 한 때는 그런 가수였는데 지금은 완전히 새로운 가수가 되었습니다. 하나님은 나를 참 가수로 키워주신 멘토 중의 멘토입니다. 이런 엄청난 멘토와 사랑의 이중창을 하게 되었으니 얼마나 큰 영광인지 말로 다 형용할 수 없습니다. 썩어 없어질 세상 노래, 배설물에 불과한 세상 노래를 부르는 그런 가수 지망생(멘티)들이 멘토(스승)들과 같이 노래하는 그런 영광과는 비교할 수 없는 진짜 큰 영광입니다.

진짜 참 노래(새 노래)를 하는 참가수가 되어 하나님과 함께 노래하는 것이 진짜 큰 영광이요, 영원히 썩지 않을 영광입니다. 새사람이 되어 새 노래를 부르고 싶습니까? 하나님과 이 거대한 우주라는 무대 위에서 사랑의 이중창을 하게 되는 영광을 누리고 싶습니까? 그러려면 "예수가 그리스도라는 것을 믿으라"는 말씀에 순종하면 됩니다.

예수가 그리스도라는 말은 예수가 선악과 사건이 터진 동네(세상)의 우리를 임마누엘 동산으로 옮겨주신 구원의 하나님(구세주=메시아)이라는 말입니다. 즉 선악과 사건으로 인해 죽음문제를 비롯한 인생의 모든 문제를 시간표에 따라 만날 수밖에 없는...만나게 되는 문제들 때문에 염려하고 속상해하며, 원망, 불평, 신경질, 짜증나는 노래(말)를 부르다가 지옥으로 갈 수밖에 없는, 우리를 임마누엘 동산으로 건져내어 새사람 되게 해주시고 새 노래(참 노래=찬송가)를 부를 수 있는 영광을 주신 구세주(구원의 하나님=메시아=그리스도)라는 말입니다. 그렇게 해주신 증거가 있습니다. 그게 그분이 당하신 십자가 사건(피)입니다.

그러기에 예수가 그리스도라는 것을 안 믿을 수 없는 것입니다. 예수가 우리를 이렇게 해주신 구세주(메시아=그리스도)라는 것을 마음으로 믿고 받아들이면(영접) 임마누엘(하나님이 함께 하심)이 성취되고(새사람이 되고), 임마누엘 동산(새 동네)으로 올라와서 새 노래를 부르게 됩니다. 참으로 엄청난 영광을 누리게 됩니다.

아직 몸이 썩어지지 않아서 이 세상에 발을 딛고 있지만, 그러나 내 속사람, 내 영혼은 그 어디서나 하늘나라를 누리게 되므로 "내 영혼이 은총 입어~ 중한 죄짐 벗고 보니~ 슬픔 많은 이 세상도~ 천국으로 화하도다~ 할렐루야 찬양하세~ 내 모든 죄 사함 받고~ 주 예수와 동행하니~ 그 어디나 하늘나라(찬 438장)~"라고 노래하며, 또한 "하늘의 영광~ 하늘의 영광~ 나의 맘속에 차고도 넘쳐~ 할렐루야를 힘차게 불러~ 영원히 주를 찬양하리~"라고 노래하게 되는 것입니다(찬 445장). 샬롬!

35

지고는 못 산다

우리가 지고는 못 사는 성격(사람)인데 이미 져버렸습니다. 언제? 선악과 사건 때! 누구에게? 마귀에게 인간이 선악과를 먹으면 반드시 죽게 되기에 먹지 말라고 하신 하나님의 말씀(창 2:17)에 순종하기보다는, 그것을 먹어도 결코 죽지 않고 오히려 하나님처럼 된다는 마귀의 거짓말에 순종했습니다(창3:1-6). 그 결과 마귀의 말이 아닌 하나님의 말씀대로 인간은 반드시 죽습니다.

인간이 죽음문제를 만나게 된 이유가 다른데 있는 것이 아니라 선악과 사건(마귀에 의한 인간의 오리지널 죄, 창 3:1-6) 때문이며, 죽음문제뿐만 아니라 마귀와 함께 하게 된 인간은 마귀와 그의 졸개들인 귀신들에게 종노릇하게 됐습니다. 표시 나게 종노릇하는 자들이 귀신들린 점쟁이들입니다. 또한 죽음문제를 당하기 전까지 인생을 사는 동안 영적, 정신적, 육적인 이런저런 수많은 문제들을 만나게 됩니다. 그로 인해 염려하고 속상해하며 원망, 불평, 신경질, 짜증나는 지옥 같은 삶을 삽니다.

이런 삶을 사는 것 자체가 문제들의 종노릇을 하고 있다는 증거요, 선악과 사건(죄)에 빠졌다는 증거입니다. 그렇게 종노릇하다가 진짜 지옥으로 갑니다. 인간은 죄, 마귀, 죽음문제를 비롯한 인생의 문제들과의 전쟁(싸움)에서 절대로 이길 수 없습니다. 하나님께서 인간을 정복하고 다스리는 존재로 만드셨기 때문에(창 1:26-28) 지고는 못 사는 존재지만 어쩔 수 없이 지고 맙니다. 그런데 이길 수 있는 방법, 승리할 수 있는 방법이 있습니다.

그게 뭐냐고요?
"예수가 그리스도라는 것을 믿으라"는 말씀에 순종하면 됩니다. 그렇다면 예수가 그리스도라는 말이 무슨 말인지 알아야 합니다. 예수가 그리스도라는 말은 예수께서 십자가 사건(피)을 통해 선악과 사건(죄)에 빠져 죄와 마귀와 죽음문제를 비롯한 이런저런 인생의 모든 문제들과 전쟁을 하다가 지쳐 죽어 지옥으로 갈 수밖에 없는 우리를 구원하신 하나님(구세주=메시아)이라는 말입니다. 구원해 주신 증거가 있습니다. 그게 예수님이 당하신 십자가 사건(피)입니다.

예수님께서 그 엄청난 사건을 당하기까지 해서 우리를 구원하셨으니 그분이 우리의 구세주(메시아=그리스도)라는 것을 안 믿을 수 없는 것입니다. 그러기에 "예수가 그리스도라는 것을 믿으라"는 말씀에 순종하지 않을 수 없는 것입니다. 순종했다면 인생의 모든 문제가 문제일 수 없는 것입니다. 예수님께서 문제를 다 해결해 주셨기에 문제가 문제일 수 없는 것입니다. 그러므로 문제들을 다

이긴 것이나 마찬가지입니다.

지고는 못 사는 우리들! 그러나 이미 오래 전 에덴동산에 마귀에게 지고 말았기(선악과 사건) 때문에 죽을 수밖에 없었던 우리들! 그런데 예수님께서 십자가 사건(피)을 통해 죄인인 우리를 의인(그리스도인)으로 거듭나게 해주셨고, 이기게 해주셨습니다.

월드컵 대회 때 우리나라 대표 팀이 상대 팀과 싸워 이기게 되면 그 승리가 우리 모두의 승리인 것처럼, 그래서 우리 모두가 기뻐하는 것처럼, 우리가 싸워 이길 수 없는 죄, 마귀, 죽음, 지옥 문제를 비롯한 인생의 모든 문제를 예수님께서 우리를 대표해서 십자가 사건 한 방으로 해결해, 끝내 주셨습니다. 이겨 주셨습니다.

예수님의 승리가 우리(나)의 승리이기에 우리가 기뻐할 수밖에 없는 것입니다. 이긴 자가 된 것입니다. 죄, 마귀, 죽음, 지옥 문제를 비롯한 인생의 모든 문제가 우리의 발밑에 놓이게 된 것입니다. 그 전에는 그런 문제들 밑에 우리가 깔린 상태였는데 이제는 그런 문제들이 우리 발밑에 깔리게 된 것입니다.

그러기에 그런 문제들을 마구마구 밟고 노래하고 다니면서 이렇게 멋진 존재로 거듭날 수 있는 방법(예수가 그리스도라는 것)을 전해주면 됩니다. 문제들을 자근자근 밟고 다니면서 노래하며 전해주는 자를 사람 낚는 어부(전도자)라고 합니다(마 4:19). 그러므로 지금의 우리가 보통 존재가 아닙니다.

어찌 우리가 우리 힘으로 이런 엄청난 존재, 전도자, 거듭난 존재, 새사람, 그리스도인, 행복한 사람이 될 수 있겠습니까. 말과 뜻과 행실을 깨끗하고 착하게 해서? 또는 도덕이나 율법이나 고행이 수반된 종교행위를 해서 그렇게 되는 것이 아니라, 우리의 몸을 하나님 앞에 제물로 바쳐서 그런 존재가 되는 것이 아니라(롬 3:27, 찬 544장 1-3절) 예수가 우리를 그렇게 해주신 구세주(구원의 하나님=메시아=그리스도)라는 것을 믿으라는 말씀에 순종하면 그런 엄청난 존재가 됩니다(롬 3:27, 찬 544장 4절, 찬 357장).

예수님의 승리를 내(자기) 것으로 여기면, 믿으면 그 믿음대로 자기 것이 되도록 하나님께서 그렇게 해놓으셨습니다. 이것이 하나님의 비밀이었는데(골 2:2-3) 지금 그의 성도들에게 드러났습니다(골 1:26). 세상에 드러난 그 비밀을 붙잡고 승리하기 바랍니다.

이제 정리하고 마치렵니다. 우리는 지고는 못 사는 인간이기에 이겨야 합니다. 이기지 않으면 진 자가 되고, 진 자는 억압당하고, 눌리게 되고, 우울하게 되고, 괴롭게 되고, 속상하게 되고, 답답하게 되고, 원망, 불평, 신경질, 짜증나는 지옥 같은 삶을 살게 되고, 그러다보면 정신적으로나 육신적으로 더 우울해지고 지치고 병들어 죽습니다. 그런 후 지옥에 가서 영벌(永罰)을 받게 됩니다.

그러기에 반드시 이겨야 합니다. 이길 수 있는 방법은 앞서도 얘기했지만 "예수가 그리스도라는 것을 믿으라"는 말씀에 순종하면 됩니다. 문제들을 만날 때마다 그 문제의 답(해결자=구세주=구원의 하나님=메시아=그리스도)이 '예수'라는 것을 늘 잊지 말고 감사(기도)하고 노래(찬양)하기 바랍니다.

학생들이 시험문제를 받아 들고 그 문제들의 답을 적어 선생님께 드리는 것처럼, 우리들도 문제들을 만나게 됐을 때 그 문제들마다의 답이 '예수'라는 것을 적어 하나님께 드려야 합니다. 그것이 하나님께 최고의 영광을 돌리는 길이요, 하나님의 마음을 시원케 해드리는 일이요, 성령 충만하게 되는 길이요, 하나님으로부터 응답(축복)받은 길입니다.

예수 이외에 다른 것을 들고 나가면 괴롭고 힘들게 됩니다. 죽습니다. 하나님께서 인정해주시지 않기 때문입니다. 그래서 "예수의 피 밖에 없네"라고 찬송하는 것입니다(찬 252장). 늘 답을 적어내기 바랍니다. 그리하면 절대로 문제들에게 정복당하지 않습니다. 늘 이기게, 승리하게 됩니다. 늘 "예수가 그리스도(답)라는 것을 믿으라"는 말씀에 순종하면 늘 승리하게 되기에 "예수가 그리스도라는 것을 믿으라"는 말씀에 늘 순종하는 것이 중요합니다.

학생들이 시험 문제 답안지에 적어 낸 답이 맞을 때마다 선생님이 기뻐하는 것처럼, 그래서 그 선생님으로부터 칭찬받고 상급까지 받게 되는 것처럼, 그래서 더 힘이 나고 신나는 것처럼, 우리들도 문제들을 만날 때마다 답(예수)을 적어(기도)내고 노래하고 전하면 하나님께서 기뻐하시고 칭찬하시고 상급까지 주십니다(계 22:12).

세상의 선생님들이 그렇게 하는 것은 하나님께서 그렇게 하신다는 것을 보여주는 그림자라는 것을 알기 바랍니다. 세상의 학생들이 시험문제를 받아들었을 때 그 문제들이 여러 가지이고, 그러기에 답도 여러 개지만, 우리들이 만나게 되는 문제들은 많지만 그런 모든 문제들의 답은 오직 하나입니다. 오직 '예수'라는 말입니다.

하나님아버지께서 우리가 기억력이 좋지 않다는 것을 아시기에 여러 개의 답을 주시지 않으셨습니다. 딱 하나 주셨습니다. 그게 바로 '예수'입니다. 그러기에 죄 문제를 비롯한 그 어떤 문제를 만나더라도 하나밖에 없는 답(예수)을 잘 적어내서 늘 이기고, 하나님도 기쁘게 해드리고, 자기 자신도 기뻐하는, 신나는, 즐거운, 행복한 삶을 살기 바랍니다.

찬송가 357장을 펴서 읽어보고 노래해보세요.
우리 앞에 밀려오는 적군들(죄, 마귀, 죽음 지옥 문제를 비롯한 인생의 모든 문제들)과 싸워서 이길 수 있는 방법이 예수가 그리스도라는 것을 믿는 '믿음'입니다. 샬롬!

36

치토스

예전에 '치토스'과자 봉지 속에 '꽝'과 '한 봉지 더'라는 티켓(따조 =딱지)이 들어 있었습니다. 봉지 속에 '꽝'이란 티켓이 들어 있으면 한 봉지로 끝이고, '한 봉지 더'라는 티켓이 들어 있으면 한 봉지를 먹고 난 후에도 한 봉지가 더 주어집니다. 분명히 한 봉지가 죽었 는데(입안으로 사라졌는데) 아직 한 봉지가 살아 있는 것입니다. 그 이 유는 다른 이유가 아니고 오직 '한 봉지 더'라는 티켓 때문입니다.

하찮은 과자도 '한 봉지 더'가 있는데 하물며 만물의 으뜸인 인 간에게 '한 봉지 더(부활)'가 없겠습니까? 사람 속에도 '한 봉지 더' 라는 티켓이 들어 있으면 죽어도 다시 사는 복(부활)이 주어집니 다. 그렇다면 사람 속에 들어 있어야 할 '한 봉지 더'라는 티켓은 무엇이겠습니까? 그것을 찾아 마음속에 담아야 합니다. 마음속에 담아야 할 그 티켓은 영적인 것이기에 눈에 보이지 않습니다.

그러나 2,000년 전에는 우리 눈으로 볼 수 있게 나타났습니 다. 그것은 인간이 선악과 사건(마귀에 의한 인간의 오리지널 죄, 창 3:1-

191

6)에 빠지자마자 하나님아버지께서 보내주시겠다고 약속하셨는데(창 3:15), 그 약속대로 지금으로부터 2,000년 전에 실제로 나타났기에 눈으로 볼 수 있었습니다. 그 티켓의 이름이 '예수'입니다.

예수가 그리스도라는 말을 들어보셨죠? 예수가 그리스도라는 말은 예수가 우리 영혼에 '한 봉지 더(부활)'라는 말입니다. 뿐만 아니라 예수가 그리스도라는 말은 예수가 죄와 마귀와 죽음문제를 비롯한 인생의 모든 문제의 답이라는 말이고 영생은 물론 천국을 비롯한 하나님의 모든 보화라는 말이고 찬송가 96장의 스무 가지 내용 그 자체라는 말입니다. 그러니까 예수가 그리스도라는 말은 참으로 엄청난 말입니다.

오늘은 '한 봉지 더'에 대한 얘기를 하고 있기에 '한 봉지 더'만 가지고 얘기하겠습니다. 예수가 그리스도(한 봉지 더=부활)라는 것이 믿어집니까? 믿어지지 않으면 말씀을 더 들어야 합니다. 그래야 하나님으로부터 예수가 그리스도(한 봉지 더=부활)라는 '믿음'을 선물로 받게 되기에 말입니다(롬 10:17). 믿을 수밖에 없는 증거가 있습니다. 그것이 그분의 성육신 사건과 십자가 사건과 부활사건과 승천사건입니다. 지금으로부터 2,000년 전에 실제로 있었던 사건들입니다.

역사가 부인할 수 없는 사건들이 있었기에 안 믿을 수 없습니다. 안 믿을 수 없어 믿어지는 믿음이 자기에게 주어졌다면 그것은 하나님의 선물입니다. 믿음을 선물로 받았다면 당연히 그분을 마음속에 영접하게 되어 있습니다. 영접하는 그 순간 '한 봉지 더 (부활)'가 마음속에 담기게 됩니다. 그러므로 당연히 부활합니다.

뿐만 아니라 선악과 사건이라는 그 엄청난 죄와 율법대로 살지 못한 모든 죄를 사함 받게 되고 성령을 선물로 받게 됩니다(행 2:38). 죄와 죽음문제를 비롯한 인생의 모든 문제에서 해방되어 참 자유를 누리게 되고, 영생은 물론 천국을 비롯한 하나님의 모든 보화를 소유한 천국백성으로서 그 어디서나 하늘나라를 누리게 됩니다(찬 438장).

그러니까 예수가 그리스도라는 것을 제대로 알고 믿고 영접하는 것이 너무너무 시급하고 중요한 것입니다. 이 일을 하지 않고 다른 일들을 아무리 열심히, 많이 해봤자 이런 엄청난 복을 누리지 못합니다. 이 방법 외의 방법들로는, 즉 말과 뜻과 행실을 깨끗하고 착하게 하는 것이나 도덕이나 율법이나 고행이 수반된 종교행위로는 이런 엄청난 복을 누릴 수 없습니다. 하나님께서 그런 방법들로는 안 된다고 하셨습니다(롬 3:27). 그런 방법들은 '한 봉지 더'는커녕 사망에 이르게 된다고 하셨습니다(롬 7:10).

우리 영혼의 '한 봉지 더'라는 티켓이 무엇인지에 대해 제대로 알고 그것을 마음속에 받아들여야만 합니다. '한 봉지 더'라는 티켓의 이름이 무엇이라고 했습니까? 그것이 바로 '예수'입니다. 즉 예수가 그리스도(한 봉지 더=부활)라는 말입니다. '예수가 한 봉지 더 (그리스도)'라는 것을 마음으로 믿고 받아들이면(영접하면) 그 순간에

'한 봉지 더'라는 티켓이 자기 속에 담기게 됩니다.

즉 '예수'께서 들어오신다는 말입니다. 성령이 임하신다는 말입니다. 이 상태가 '한 봉지 더(부활)' 인생입니다. 이런 인생이 되어 있어야 어떤 문제 앞에서도 염려하지 않게 됩니다. 염려하지 않으므로 스트레스도 안 받게 되고, 스트레스를 안 받게 되므로 마음(속)도 상하지 않고, 마음이 상하지 않으므로 우울증, 강박증 등의 정신문제나 육신문제도 안 당하게 되고, 또한 죽음문제나 지옥문제도 안 당하게 됩니다.

선악과 사건(죄)으로 인해 인생을 사는 동안 이런저런 문제들을 시간표에 따라 만나며 고생하다가 죽을 수밖에 없는, 결국 지옥불에 처박힐 수밖에 없는 우리들이지만, '한 봉지 더'라는 영적인 티켓을 얻게 되었기에 죽음, 지옥 문제뿐만 아니라 이런저런 인생의 모든 문제와 상관없이 그 어디서나 하늘나라를 누리게 된 것입니다. 영생은 물론 천국을 비롯한 하나님의 모든 것을 소유한 천국백성이기에 더 이상 문제될 것도 부족함도 없는 것입니다. 이런 엄청난 복을 우리에게 주신 증거가 있습니다. 그게 그분이 당한 십자가 사건입니다.

예수님께서 십자가 사건(피)을 통해 우리에게 이런 엄청난 복을 누리게 해주셨기에 그 분이 우리에게 있어서 그리스도(메시아=구세주)입니다. 예수가 그리스도(한 봉지 더=부활)라는 사실! 이것이 거짓이 아니라 진리입니다. '치토스'라는 과자를 통해서도 이런 영적

인 내용을 얼마든지 알 수 있는 것입니다. 진리가 어려운 것이 아
닙니다. 이렇게 쉬운 것입니다.

　그대도 예수가 그리스도('한 봉지 더'의 삶을 살게 해주신 구원의 하나님/생
명/부활)라는 것을 깨닫고, 그 사실을 믿고 받아들이라는(영접하라는)
말씀에 순종하여 그 티켓을 소유하기 바랍니다. 그렇게 한 후에도
늘 "예수가 그리스도라는 것을 믿으라"는 말씀에 순종해야 합니
다. 아직 몸이 썩어지지 않아서 이 세상에 발을 딛고 있기 때문입
니다. 예수님께서 다시 오시는 그날까지 늘 순종해서 지금부터 영
원히 그 어디서나 하늘나라를 누리기 바랍니다. 샬롬!

37
신사동 사람

유머에 서울에는 신사들만 모여 사는 동네가 있는데 이름이 '신사동'이라고 합니다. 어느동에 살다가도 신사동으로 이사를 가면 '신사동 사람'이 됩니다. 신사동 사람이 됐으니까 그 누가 뭐래도 신사동 사람이며, 말과 뜻과 행실을 깨끗하고 착하게 하지 못해도 신사동 사람입니다. 우리가 영적으로 그런 사람입니다.

무슨 말이냐 하면 우리가 거지 동네(세상=선악과 사건이 터진 동네)에서 그리스도를 통해 신사동(임마누엘 동산=그리스도 안=새 동네)으로 이사를 왔기 때문입니다. 그러기에 우리는 그 누가 뭐래도 신사동 사람이며, 도덕이나 율법대로 살지 못했다 할지라도, 말과 뜻과 행실을 깨끗하고 착하게 하지 못했다 할지라도 '신사동 사람'입니다.

다른 동네 사람들이 신사동 사람들을 향해 "너희들은 신사동 사람이 아니다"라고 아무리 욕을 하고 부인해도 신사동 사람은 신사동 사람입니다. 신사동 사람들이 신사동을 떠나지 않는 한 언제나 신사동 사람이듯, 우리도 신사동(임마누엘 동산=그리스도 안=새 동네)을 떠나지 않는 한 언제나 신사동 사람(임마누엘인=그리스도인=새 동네의 새사람=거듭난 사람=의인=참 자유인= 천국인)이며, 세상 사람들이 우리를 향해 "너희들은 신사동 사람이 아니다"라고 아무리 율법을 치켜들고 외쳐도 우리는 언제나 '신사동 사람'입니다.

우리가 머물고 있는 동네 자체가 신사동이기에 어쩔 수가 없는 것입니다. 누군가가 우리를 향해 "어디에 사는 누구냐?"고 묻거든 "신사동에 사는 사람"이라고 말하면 됩니다. 도덕동네, 율법동네, 죄 문제를 비롯한 이런저런 인생의 모든 문제가 들어 있는 무거운 십자가를 짊어지고 살던 동네(세상=선악과 사건이 터진 동네)에서 그리스도를 통해 신사동(그 무거운 십자가를 벗어 던지고 그리스도와 함께 그리스도를 누리며 사는 임마누엘 동산)으로 이사 왔으니 그 누가 뭐래도 '신사동 사람'입니다.

신사동에 와버린 사람은 도덕이나 율법대로 살았니? 못 살았니? 그런 것 안 따집니다. 말과 뜻과 행실을 깨끗하고 착하게 했냐? 안 했냐? 그런 것 안 따집니다. 그저 사랑(예수님의 십자가 사건의 참 사랑)으로 사랑만 하고 삽니다. 그러기에 그런 것 따지는 사람은 아직 신사동으로 이사를 오지 않았다는 증거입니다. 교회를 다니며 예수님을 향해 "주여! 주여!"라고 부르고 귀신을 쫓아내고 방언을 해도 그런 것 따지는 사람은 신사동 사람이 아닙니다(마 7:21).

그들은 신사동 사람이 아니면서 신사동 사람처럼 큰소리를 치기도 하고, 진짜 신사동 사람들인 우리들을 향해 율법의 행함이 없이는 결코 구원(신사동으로 옮겨지는 일) 받을 수 없다고 율법으로 공갈협박까지 합니다. 그런 자들은 교인이 됐든, 목사가 됐든, 신부가 됐든, 모두 '거짓 신사동 사람(거짓 형제)'들입니다(갈 2:4).

이런 사람들은 우리가 조금이라도 말과 뜻과 행실을 깨끗하고 착하게 하지 못하면 "예수 믿는 사람들이 어찌 그럴 수 있느냐?"고 말(욕)하는 이방인들처럼 말만 살짝 바꾸어서 이렇게 말합니다. "율법의 행함 없이 어찌 신사동 사람이 될 수 있느냐"고 말입니다. 그러기에 그들은 이방인들보다 더 교활하고 악한 사람이며, 악한 마귀가 파견한 거짓 교인, 거짓 종교지도자들입니다. 한마디로 거짓 형제들입니다. 그런 자들은 교회 안의 이방인입니다. 교회 안에도 그런 사람들이 있다는 것을 아시고 조심하시기 바랍니다.

나도 몇 년 전만 해도 그런 사람들 밑에서 안 해도 될 고생을 하다가 나온 사람이기에 이렇게 잘 알게 된 것이고, 말해주는 것입니다. 그들이 "누가 너를 신사동으로 옮겨주셨냐?"고 묻거든 "예수님께서 옮겨주셨다"고 담대하게 말하십시오. "언제 옮겨주셨냐?"고 묻거든 "2,000년 전"이라고 크게 말하십시오. "증거가 무엇이냐?"고 묻거든 "십자가 사건(피)"이라고 더 크게 말해주십시오.

인간은 그 어떤 방법으로도 신사동으로 올 수 없는데 예수님께서 십자가 사건(피)을 통해 우리를 신사동으로 옮겨 주셨기에 예수가 우리의 구세주(메시아=그리스도)라는 사실을, "예수가 그리스도라는 것을 믿으라"는 말씀(복음=새 언약=믿음의 법)에 순종하면 신사동으로 이사하게 된다는 사실(비밀)을, 우리는 그런 하나님의 비밀을 알고 그 말씀대로 하여 신사동에 들어온 사람들입니다.

예수님께서 다시 오시는 그날까지 그 누가 뭐래도 '신사동 사람'이라는 것을 절대로 잊지 마시기 바랍니다. 거짓형제, 거짓선지자(종교지도자)들이 율법을 가지고 와서 이러쿵, 저러쿵 얘기하면 계속 그렇게 쓴 것(율법)을 먹으면 사망(지옥)당한다고(롬 7:10), 율법이 담긴 성경을 통째로 삶아먹어도 사망에 이르게 된다고 가르쳐 주세요. 꿀보다 더 달디 단 복음(예수가 그리스도라는 것을 믿으라는 말씀에 순종하면 신사동에 들어오게 된다는 하나님의 약속의 말씀)을 먹어야 된다고 말해주십시오.

그래도 따지고 덤벼들면 내버려두십시오. 그런 사람들은 진리에 속한 자가 아니기에 그러는 것입니다(요 18:37). 아무런 수고 없이, 아무런 이사 비용 없이, 이삿짐센터에 부탁하지 않아도 복음에 순종하면 되는데, 임마누엘 동산(신사동)에 들어 갈 때는 예수님의 피만 들고 들어가면 되는데, 그래야 신사동에 들어와서 신사동을 구경하고 다니게 될 텐데, 그래야 신사동에서의 삶이 얼마나 자유하고 평화롭고 즐거운지를, 더 이상 문제 될 것도 없고, 더 이상 부족함이 없기에 이 세상에서의 주어진 시간과 물질과 몸을 사람 살리는 일에 쓰게 되는데, 그러기에 진짜 '행함이 있는 삶'도 살게 되는데 말입니다.

세상 사람들은 신사동이 뭔지도 모르니까 어쩔 수 없지만, 그래도 예수 믿는다며 교회에 들어온 사람들은 신사동이 뭔지 알아야 하지 않겠습니까? 이방인들처럼 신사동이 뭔지, 그 동네에 들어오는 방법이 뭔지도 모르고 오히려 이렇게 제대로 가르쳐 주는 신사동 사람들인 우리들을 향해 율법으로 공갈협박을 허거나, 자기들 말(율법이나 교리)대로 안 하면 욕하고 비방하고 이단으로 몰아서 다른 사람들까지도 복음을 듣지 못하도록 훼방을 해서야 되겠습니까?

그러다가 어찌 되는지 베드로후서 2장 12절, 유다서 1장 10절 말씀을 찾아 읽어보세요. 그 말씀에 해당하는 사람이라면 오늘 말씀을 통해 한시라도 빨리 돌아서야(회개해야) 합니다. 그러지 않으면 그 죗값을 치러야 합니다. 현세에서보다 내세(지옥)에서 엄청난 형벌을 받게 됩니다.

이미 창세전에 그리스도 안에서 택함 받은 진리에 속한 자라면 이런 말씀을 듣고 돌아오게 되어 있습니다. 그대도 이미 신사동 사람이라면 그 누가 뭐래도 신사동 사람임을 잊지 마시고 신사동 사람이 되게 해주신 하나님께 늘 감사하며 노래(찬양)하며 '신사동 사람'답게 자유하게, 멋지게 사시기 바랍니다! 우리는 '신사동 사람!' 샬롬!

38

우리의 피난처는 지하벙커가 아닌 오직 예수!

사람들이 음식이나 의학(과학)의 발달을 통해 생명을 연장 시키는 일이나, 닥쳐 올 큰 재난(재앙)에 대비해 미국에서처럼 지하벙커까지 만들어 생명연장을 하는 일에는 엄청난 관심을 가지면서 그렇게 애를 쓰지 않아도 영생(永生)을 얻는 방법이 있는데(요 1;12, 3:16, 5:24, 6:29, 20:31), 사람들이 그런 방법을 말해줘도 관심도 없고 알면서도 안 믿는 사람들이 많습니다.

예수가 그리스도라는 것을 믿고 영접하면 영생을 얻게 되는 너무나도 쉬운 방법을 하나님께서 주셨는데, 사람들이 기어이 율법을 비롯한 어렵고 힘든 방법, 돈 드는 방법, 죽는 방법을 좇아가고 있습니다. 몇 십 년을 더 살아보겠다고 지하벙커와 같은 대피소를 만들고, 또한 그것을 큰 돈을 주고 구입하기까지 합니다.

그렇게 해서 생명을 연장해 봤자 영생이 아닌 불과 몇 십 년인데, 그리고 지금 세상이 지진, 핵, 태양의 움직임, 경제문제 등으로 굉장히 불안정한 상태인데, 그리고 지하벙커에 들어가 있더라도 하나님께서 세상을 한 번 흔들어 버리면 살아남을 길이 없는데, 그 속에 갇혀 한꺼번에 매장되고 말텐데 말입니다.

구름이 모여들면 비가 올 징조이듯이 세상이 돌아가는 것을 보니까, 즉 세상이 난리와 난리 소문으로 가득하고, 처처에 기근과 지진이 일어나고, 민족과 민족 간에, 그리고 나라와 나라가 대적하고, 특히 거짓 선지자(영생을 얻는 길이 아닌 사망의 길로 인도하는 자)들이 많이 일어나 있고 자칭 그리스도(메시아=구세주)라고 하는 자들과 그리스도를 대적하는 자들이 많이 생겨난 것을 보니까 예수님께서 다시 오실 때가 정말 가까워졌습니다.

그런데도 사람들이 세상 지식이나 금(돈)이나 권력을 좇아 온갖 술수를 동원하고, 또는 기껏 몇 십 년 더 살기 위해 지하벙커(피난처)를 몇 만 불씩 주고 구입하고 있으니 참으로 안타까운 일입니다. 선악과 사건(죄, 창 3:1-6)으로 인해 이미 죽을 수밖에 없는 존재로 세상에 태어났기에, 어떤 방법을 동원해도 결국 죽고 말텐데 말입니다.

그런 존재이지만 하나님께서 '영생의 복'을 누리도록 해주셨습니다. 그렇게 해주신 증거가 있습니다. 그게 예수님이 당하신 십자가 사건입니다(요 19:1-30). 그분이 그리스도라는 증거로 죽은 지

사흘 만에 다시 사셨습니다. 그게 부활사건입니다(마 28:1-10). 이런 엄청난 증거들이 있는데도 사람들이 이걸 안 믿고 거짓선지자들이 제시하는 율법을 비롯한 세상 방법들을 믿고 좇아가고 있으니 안타까운 일이 아닐 수 없는 것입니다.

이런 내용에 대해 자꾸 들어야 알게 되고, 믿어지는 믿음도 하나님으로부터 선물로 받게 될 텐데, 아예 듣지도 않으려고 하니 안타까운 일입니다. 이런 내용에 대한 믿음은 들음에서 온다고 했기에 들어야 합니다(롬 10:17). 들으면 '예수가 그리스도라는 것이 믿어지는 믿음'이 하나님으로부터 자기에게 오게 됩니다(갈 3:23).

그때 자기 마음속에 예수님을 영접하기만 하면 그렇게도 만나고 싶었던 하나님을 다시 만나 함께하게 됩니다(실제로 임마누엘이 자기에게 성취됨). 얽매여 있던 율법에서 자유하게 됩니다. 생명의 본체이신 하나님과 함께함으로 생명 있는 자가 됩니다. 그것도 잠시 잠깐의 생명이 아니라 영생(永生)입니다. 죄 문제를 비롯한 인생의 모든 문제의 해결자(구세주)이신 하나님과 함께하게 되므로 더 이상 문제될 것도 없게 되고, 만복의 근원이신 하나님과 함께하게 되므로 더 이상 부족함이 없는 복된 삶을 살게 됩니다.

아담 안에서 태어난 첫 사람인 내가 죽고, 그리고 선악과 사건의 저주(죽음문제를 비롯한 인생의 모든 문제=자기 등 뒤에 드리워진 십자가)를 벗어던지게 됩니다. 옛 사람, 옛 것은 다 지나가고 예수 안에서 거듭난 내(새사람)가 진짜 나라는 것을 알게 되고(고후 5:17) 이미 임마누엘 동산에서 올라와서 임마누엘의 복을 누리고 있는 내가 진짜 나라는 것을 알게 되기에 세상이 난리와 기근, 또는 지진으로 뒤집어지고 폭발하더라도, 한 마디로 그 어떤 문제와도 상관없이 그 어디서나 하늘나라(천국)를 누리게 됩니다.

그러므로 세상에 발을 딛고 있는 그 순간까지 주어진 시간과 물질과 몸을 사람 살리는 일(예수가 그리스도라는 것을 가르치기와 전하는 일, 행 5:42)에 던지게 됩니다. 몇 만 불씩이나 주고 지하벙커 속으로 들어가는 것이 아니라 그런 곳에 도피해도 죽게 되는, 지옥으로 갈 수밖에 없는 인간(죄인)들을 영원한 도피처(그리스도 안=천국)로 들어갈 수 있게 해주는 일에 최선을 다하게 됩니다.

말과 뜻과 행실을 깨끗하고 착하게 해야, 또는 율법이나 고행이 수반된 종교행위를 열심히 해야 영원한 도피처로 들어갈 수 있다고 가르치는 종교지도자들이 세상에 너무나 많습니다. 그런 사람들의 말을 듣고 따라가는 사람들이 너무나 많습니다. 율법을 비롯한 세상 방법들은 사망에, 지옥에 이르게 되는데 말입니다(롬 7:10). 아직도 지하벙커와 비교할 수 없을 정도로 안전하고 좋은 도피처(그리스도 안=천국)가 있다는 것을 모르는 사람들은 이 글을 통해 진짜 참 도피처(그리스도 안=천국)로 들어오기 바랍니다. 샬롬!

39

펑크 난 인생

차를 타고 달리던 중 앞서가던 차가 펑크 난 줄도 모르고 계속 달리는 것을 발견했습니다. 옆으로 비켜나가서 그 운전자에게 펑크 난 것을 말해줬습니다. 만약 펑크 난 줄도 모르고 계속 달렸다면 어떻게 됐을까요? 그런 상태에서 달리다보면 차에 무리가 생기게 되고, 결국은 전복되는 큰 사고를 당하게 됩니다. 차도 망가지게 되고, 사람도 다치게 되고 심할 경우 죽게 됩니다. 운전자뿐만 아니라 다른 사람도 죽게 됩니다. 영적으로 사람들이 이와 같습니다.

즉 선악과 사건(죄)으로 인해 이 세상 모든 사람들은 영혼에 펑크가 난 상태라는 말입니다. 그런 상태에서 인생길을 달리다보니 영과 혼과 육에 무리가 생겨 고생하다가 죽어 지옥까지 가게 됩니다. 펑크 난 자동차는 정비 공장에 가야 합니다. 거기 가서도 풀이나 종이로 펑크를 때워서는 안 됩니다. 오직 그 바퀴와 같은 재질의 고무패킹으로 때워야 합니다. 그렇다면 선악과 사건 때 펑크

난 인생은 무엇으로 때울 수 있을까요?

도덕? 율법? 고행? 마음수련? 그런 것들은 물론 그 어떤 종교행위로도 때울 수 없습니다(롬 3:27). 오직 '예수님의 피'로만 때워집니다. 그러기에 예수님께서 십자가 사건(피)을 당하신 것입니다. 그 사건은 펑크 난 우리네 인생을 때워주시기 위함이었습니다. 예수님께서 십자가 사건(피)을 통해 선악과 사건(마귀에 의한 인간의 오리지널 죄, 창 3:1-6) 때부터 지금까지 펑크 난 채로 지옥을 향해 달리고 있는 우리를, 그런 우리네 인생을 때워주신 분이기에 그 분을 '그리스도(구세주=메시아)'라고 합니다.

선악과 사건 때부터 펑크 난(구멍 난) 인생, 그렇게 달리다가 죽어 지옥 불구덩이 속에 던져질 수밖에 없는 우리를 예수님께서 때워주시고, 살려주시고, 천국으로 인도해 주신 것입니다. 그런 그 분이 우리에게 있어서 구세주(메시아=그리스도)가 아니고 무엇이겠습니까? 예수가 그리스도라는 것을 믿고 받아들이면(영접하면) 선악과 사건 때 펑크 난 인생이 때워지고, 메워지고, 채워지기에 즐겁게 신나게 달릴 수 있게 됩니다.

펑크 난 인생이기에 늘 부족함 속에서 채우기에 바빴지만 예수님의 피로 인해 영생은 물론 천국을 비롯한 하나님의 모든 보화를 얻었기에 죄와 죽음문제를 비롯한 인생의 모든 문제에서 해방되어 그 어디서나 하늘나라를 누리게 되었기에 더 이상 부족함도, 더 이상 문제 될 것도 없게 되었으니 내 잔이 넘치게 되었으니(시

23:1-6) 이웃으로 흘러갈 수밖에 없는 것입니다. 세상에서의 주어진 시간과 물질과 몸을 사람 살리는 일에 던져놓고 살게 되었기에 말입니다.

이 세상에서의 주어진 시간이 언제까지일지는 모르겠지만 주어진 그 시간까지 아직도 펑크 난 줄도 모르고 계속 달리고 있는 사람(죄인)들을 향해 이렇게 외쳐야 합니다. "펑크 났어요! 펑크 난 채로 달리면 큰일 납니다! 우리 영혼의 펑크는 오직 예수님의 피로만 때울 수 있어요!"라고 말입니다. 그리하면 장차 하나님께로부터 상급까지 받게 됩니다(계 22:12).

예수가 펑크 난 인생을 때워주신 구세주(메시아=그리스도)라는 것을 믿고 영접했어도 예수가 그리스도(펑크를 때워주신 구세주)라는 것을 믿으라는 말씀에 늘 순종하기 바랍니다. 그래야 펑크가 때워진 사람, 임마누엘 동산에 올라와 있는 사람이라는 것을 잊지 않게 됩니다. 그래야 속상해하거나 원망, 불평, 신경질, 짜증나는 삶을 살지 않게 됩니다. 그래야 펑크 난 인생이 아닌 펑크가 때워진 인생을 살게 됩니다. 그래야 더 이상 문제될 것도 없고, 더 이상 부족함이 없는, 그야말로 그 어디서나 하늘나라를 누리는 삶을 살게 됩니다. 그래야 천국까지 달려가게 됩니다. 그리고 천국에 가기 전까지 세상에 머무는 동안 주어진 시간과 재물과 몸을 사람 살리는 일에 던지게 됩니다. 샬롬!

40

문제가 생기면
하나님을 찾는 인간

사람들이 문제가 없을 때는, 평안할 때는 그냥 있다가 문제를 만나게 되면 답(하나님)을 찾습니다. 마치 어린아이가 놀이터에서 놀이에 푹 빠져 있을 때는 엄마라는 존재를 잊고 있다가 어느 순간 넘어져 무릎을 다치거나 코피가 나면 엄마를 찾는 것처럼 말입니다. 그 문제를 해결해 달라는 간절한 마음으로 목이 터져라 "엄마! 엄마!" 불러대며 집으로 들어옵니다.

인간들이 세상을 사는 동안 아무 문제가 없을 때는, 그래서 평안할 때는 하나님이라는 존재를 잊고 살다가 이런저런 문제를 만나 상처가 나고, 아프고, 힘들고, 괴로우면 그때서야 하나님을 부르며 교회로 달려옵니다. 인간들이 이렇게 문제로 인해 상처가 나고 아파봐야 문제에 대한 인식을 하게 되고 그 문제의 답, 즉 하나님을 찾습니다.

죽음문제도 마찬가지입니다. 죽음문제에 대한 의식(인식) 없이는 생명의 존귀함을 알 수 없습니다. 죽음이 있기에 생명의 소중함을 아는 것입니다. 인간들에게 죽음문제가 있음으로 인간들이 죽음을 의식하는 것이고, 그러기에 생명을 찾고자 하는 것입니다. 그렇게 생명을 찾다가 그 생명이 '예수'라는 사실 앞에 서게 되는 날, 그 날이 자기 자신이 다시 사는(거듭나는) 날, 새 생명(영생)을 얻게 되는 날입니다. 예수가 생명 그 자체이기 때문입니다(요 14:6).

또한 그날이 자기가 죄와 마귀와 죽음, 지옥 문제를 비롯한 이런저런 인생의 모든 문제에서 해방되는 날입니다. 예수가 그 모든 문제의 답이기 때문입니다. 그날이 자기에게 영생은 물론 천국을 비롯한 하나님의 모든 보화를 얻게 되는 날입니다. 예수가 모든 보화 그 자체이기 때문입니다. 그러므로 그날이 인생의 모든 문제에서 해방되어 '참 자유인'이 되는 날이며, 천국을 비롯한 하나님의 모든 것을 소유한 '천국백성'이 되는 날입니다.

그날이 자기에게 있어서 더 이상 문제될 것도 없고, 더 이상 부족함도 없게 되는, 참으로 엄청난 복을 누리게 되는 날입니다. 이 삶을 '행복한 삶'이라고 하는 것입니다. 이런 삶을 사는 사람을 '행복인(幸福人)'이라고 하는 것입니다(신 33:29). 이런 사람은 세상이 감당치를 못합니다(히 11:38). 거친 들이나 높은 산이나 그 어떤 문제도, 초막이나 궁궐이나 그 어떤 환경도 이런 사람을 넘어지게 하지 못합니다.

그런 것들과도 상관이 없는 사람이기에 그 어디서나 하늘나라를 누리게 됩니다(찬 438장). 포도나무에 열매가 없어도, 외양간에 송아지가 없어도, 지갑에 돈이 없어도, 쌀독에 쌀이 없어도, 세상이 뒤집어지든 폭발하든 그런 것과 상관없이 그 어디서나 하늘나라를 누리게 해주신, 구원의 하나님이신, 그리스도이신 예수님을 노래하게 됩니다. 예수가 나의 그리스도라고 노래(찬송)하게 됩니다(찬 288장).

다윗이 "여호와는 나의 목자시니 내게 부족함이 없으리로다"(시 23:1)라고 노래했듯이, 나도 "예수가 나의 그리스도이시니 내게 문제될 것도, 부족함도 없으리로다"라고 노래하는 것입니다. 노래 중의 최고의 노래를 부르게 됐으니 참으로 복된 인생입니다. 그러니 어찌 그분께 감사(찬양)하지 않을 수 있겠습니까.

예수께서 선악과 사건이 터진 동네에서 마귀에게, 그리고 이런 저런 문제들에게 종노릇 하던 나를 건져내 주셨으니 어찌 내가 그분을 구세주(구원의 하나님=메시아=그리스도)라고 노래하지 않을 수 있겠습니까. 그 엄청난 십자가 사건을 당하기까지 해서 선악과 사건이 터진 동네(세상=사망동네)의 나를 임마누엘 동산(그리스도 안=생명동네)으로 옮겨주셨는데(요 5:42) 어찌 내가 그분을 나의 구세주(메시아=그리스도)라고 노래하지 않을 수 있겠습니까.

예수가 나의 그리스도라는 것을 안 믿을 수가 없고, 예수가 나의 그리스도이심을 노래(예배)하지 않을 수 없고, 예수가 우리의 그리스도라는 것을 전하지 않을 수 없는 것입니다. 베드로가 그리 했던 것처럼 나도 그럴 수밖에 없는 것입니다(행 2:38). 이 삶이 선악과 사건이 터진 동네(세상)의 윗동네인 임마누엘 동산(그리스도 안)에서의 삶입니다.

그러기에 죽음문제가 됐든, 죄 문제가 됐든, 율법문제가 됐든, 그 어떤 문제가 됐든지 간에 그런 문제들은 그동안 우리를 상처내고, 속상하게 하고, 아프게 하고, 괴롭게 했지만 그런 문제들이 있음으로 우리가 문제에 대한 인식을 하게 되었고, 그러기에 '문제의 답(예수)이 뭘까?'를 찾게 되었고, 그래서 이렇게 답을 찾게 된 것입니다.

물론 하나님의 은혜로, 그러니까 죄, 율법문제를 비롯한 이런저런 문제들은 우리를 답(예수) 쪽으로 인도하는 몽학선생이었던 것입니다(갈 3:24). 문제는 우리를 답 속으로 몰아넣는 역할을 하는 막대기였던 것입니다. 문제들은 마치 배안에 잡혀든 청어들을 산 채로 항구까지 몰고 갔던 상어처럼 그런 존재였던 것입니다. 그러기에 만나는 문제 앞에 낙심하거나 좌절하거나 염려하거나 속상해 할 필요가 없는 것입니다.

지금도 어떤 문제를 만나 힘들고 괴롭고 아프다면, 그래서 속상해하고 원망, 불평, 신경질, 짜증나는 삶이라면 그 문제를 통해 답을 찾게 되길 바랍니다. 그 문제의 답이 '예수'입니다. 하나님아버지께서 "너 지금 그 문제 때문에 힘들고 괴롭니? 그 문제의 답이 예수야!"라고 하시는데 그 말씀을 들은 척도 안하고, 또한 들었음에도 안들은 척 하고 "이거는 이거고, 저거는 저건대요"라고 이유를 달고 있으면 안 됩니다.

그렇게 하는 것은 불순종입니다. 불순종은 죄입니다. 예수가 그리스도(죽음문제를 비롯한 인생의 모든 문제의 답)라는 말씀에 불순종하는 것은 큰 죄입니다(요 16:9). 그것은 예수님의 십자가 사건을 헛된 사건으로 만드는 일이기에 말입니다. 그 죄에서 돌아서야(회개해야) 합니다. 회개하면 그 문제의 답을 얻게 되고, 얻게 됨으로 마음에 평안이 임하게 됩니다. 이 평안이 하나님께서 주신 평안 즉 '참 평안'입니다(찬 412장). 참 평안을, 참 행복을 24시간 누리고 살기 바랍니다. 그렇게 될 수 있는 방법이 있습니다. 24시간 "예수가 그리스도라는 것을 믿으라"는 말씀에 순종하면 됩니다.

샬롬!

복음은 쉽고, 능력은 크다

-3부-

41

확, 깬다!

"확 깬다!" 이것은 '헛개 컨디션 파워' 광고 문구입니다.

술에 취한 사람을 확 깨게 해준다는 말인가 봅니다. '안전 귀가 지원 이벤트' 라는 문구도 적혀 있던데 결국 헛개 컨디션 파워를 마시면 안전하게 귀가할 수 있다는 것이겠죠. 그걸 보며 선악과 사건(죄)으로 인해 술 취한 사람처럼 멍해진 우리 영혼을 확 깨게 해주신 예수님 생각이 나서 몇 자 적어봅니다.

예수가 그리스도라는 말이 무슨 말인지 아시죠?

오늘은 광고 문구를 가지고 또 예수가 그리스도라는 것을 영혼의 피부로 느낄 수 있도록 얘기해 보겠습니다. 신문광고에 배우 오지호가 들고 서 있는 그 헛개 컨디션 파워가 술에 취한 몸을 확 깨게 해주어 안전하게 집으로 돌아갈 수 있게 해주는 것이라면, 선악과에 취한 우리 영혼을 확 깨게 해주어 안전하게 천국(집)까지 갈 수 있게 해주는 영적인 헛개 컨디션 파워는 무엇일까요?

이것은 땅(세상)에서 난 것이 아니라 하늘로부터 난 것입니다(요 6:48-58). 그러기에 세상 명예, 지식, 돈, 승진, 권력, 철학, 공자사상, 석가모니 사상 등 세상 것들에서 찾으려고 하다가는 안 해도 될 고생만 실컷 하고 죽어 지옥으로 가게 됩니다. 그러기 전에 하늘로부터 내려온 그 영적인 컨디션 파워를 빨리 찾아 마셔야 합니다.

그래야 빨리 확 깨서 멋지게, 신나게, 룰루랄라의 삶을, 진짜 죄 문제를 비롯한 인생의 모든 문제서 자유한 삶을, 진짜 평안한 삶을, 한마디로 그 어디서나 진짜 하늘나라를 누리는 행복한 삶을 살게 됩니다(찬 438장). 이런 삶을 살다가 진짜 천국(집)으로 안전하게 돌아가게 됩니다.

우리를 확 깨게 해서 그렇게 해줄 수 있는 영적 헛개 컨디션 파워가 뭔지 아십니까? 그게 바로 '예수'입니다. 예수가 바로 선악과에 취해 멍해진 우리 영혼을 확 깨게 한 헛개 컨디션 파워(그리스도)라는 것을 믿고 받아들이면 확 깨게 됩니다. 내가 이렇게 말하고 있는 것 자체가 확 깼다는 증거입니다.

확 깨게 됨으로 그동안 내가 마귀와 죄 문제를 비롯한 이런저런 인생의 모든 문제의 종(노예)노릇하고 있었다는 것과, 세상문화, 사상, 부모나 교사, 목사들의 율법적인 말들에 노예노릇하고 있었다는 사실까지, 그렇게 될 수밖에 없었던 근본 원인(선악과 사건)도 알게 되고, 그 문제의 답(십자가 사건=예수님의 피)도 알게 되고, 또한 예수님의 십자가 사건은 우리를 천국(집)으로 안전하게 귀가시켜주기 위한 '안전 귀가 지원 이벤트'였다는 것도 알게 되었기에 이렇게 자세히 말하고 있는 것입니다.

술에 취한 사람은 앞뒤 분간 못하고, 헛소리만 반복하고, 자기 아버지도 몰라보고, 욕도 하고, 때리고, 죽이기까지 하고 자기 집이 있음에도 자기 집을 찾아가지 못하고 길바닥에 누워 자다가 죽기까지 하는 것처럼, 선악과에 취한 상태의 사람(죄인)도 마찬가지입니다. 이 세상에 태어나는 모든 사람들은 선악과에 취한 상태입니다. 그래서 술에 취한 사람처럼 멍한 상태의 삶입니다.

자기 자신이 인간이면서 인간이 어떤 존재인지도 모르고, 인생을 살고 있으면서도 인생이 뭔지도 모르고, 이런저런 문제를 만나다가 죽음문제를 만나면서도 왜 그런지도 모르고, 지금도 어떤 문제를 만나고 있음에도 왜 그런지도 모르고, 짐승들처럼 그저 먹고, 싸고, 자고, 놀고, 일하고, 암수 짝지어 새끼 낳고, 살아가는 방법 가르치고, 영역(나라)만들고, 우두머리 세우고, 지지고 볶으며, 때로는 피 터지게 싸우는 전쟁까지 하다가 죽어갑니다. 어디서부터 잘못됐는지, 어디까지 가게 되는지, 뭐가 어떻게 된 것인지를 모릅니다.

술 취한 사람이 자기 아버지를 몰라보듯 자기(피조물=죄인)를 구원하러 오신 조물주(구세주=메시아=그리스도)이신 예수님도 몰라보고 욕을 하고, 때리고, 죽이기까지 했으며, 자기 집(천국)이 있음에도 자기 집을 찾아가지 못하고 길바닥 신세(선악과 사건이 터진 동네의 삶=죄 문제를 비롯한 이런저런 인생의 모든 문제동네의 삶=염려하고 속상해하며 원망, 불평, 신경질, 짜증나는 지옥 같은 삶)를 면치 못하다가 결국 지옥불구덩이 속으로 들어갑니다.

그러기에 예수가 선악과에 취해 멍해진 우리를 확 깨어나게 해준 헛개 컨디션 파워(그리스도=메시아=구세주=구원의 하나님)라는 것을 알고, 마음으로 믿고 받아들여야(영접) 합니다. 마치 오지호가 들고 서 있는 그 헛개 컨디션 파워를 입을 열고 몸 안에 받아들이면 몸 안에 들어온 그것이 술을 확 깨게 해주는 것처럼, 영적인 헛개 컨디션 파워이신 예수를 마음의 문을 열고 받아들이면 선악과에 취한 영혼이 확 깨어나 이런 엄청난 내용을 알게 되고 자유하게, 멋지게, 신나게, 즐겁게 살게 되는 것입니다.

예수가 그리스도라는 것을 믿고 영접한 후에도 늘 "예수가 그리스도라는 것을 믿으라"는 말씀에 순종하기 바랍니다. 아직 몸이 썩어지지 않아서 이 세상에 발을 딛고 있기 때문에 문제들에게, 마귀에게 속기 쉽기 때문입니다. "예수가 그리스도라는 것을 믿으라"는 말씀에 늘 순종하여 예수가 그리스도라는 것을 믿는 믿음에 늘 머물러 있어야 합니다. 이 삶이 최고의 삶, 최고로 행복한 삶인 것입니다. 샬롬!

42

자나 깨나 불조심

세상 사람들이 불조심을 체질화하기 위해 "꺼진 불도 다시 보자" "자나 깨나 불조심"이라는 표어를 만들어 외칩니다.

우리도 표어를 외칩시다.

"불순종하여 빼앗긴(잃어버린)것, 순종하여 다시 찾자"

"불순종하여 만나게 된 인생의 모든 문제, 순종하여 해방되자"

"불순종하여 눌리게 된 삶, 순종하여 누리는 삶을 살자"

"불순종하여 정복당하게 된 삶, 순종하여 정복하는 삶을 살자"

왜냐면 우리가 하나님께서 먹지 말라는 선악과를 먹음으로, 즉 불순종함으로 하나님을 떠나 죄와 죽음문제를 비롯한 이런저런 인생의 모든 문제를 만나게 되었기에, 이젠 "예수가 그리스도라는 것을 믿으라"는 말씀에 순종하여 다시 임마누엘 동산으로 들어오자는 말입니다. 예수가 그리스도라는 말은 예수께서 십자가 사건(피)을 통해 선악과 사건이 터진 동네(세상=죄 문제를 비롯한 인생의 모든 문제들과의 전쟁터)에 살고 있던 우리들을 임마누엘 동네(평화의 동산)

로 옮겨주신 구세주(구원의 하나님=메시아)라는 말입니다(요 5:24).

선악과 사건이란 지금 그대가 만나고 있는 그 문제를 포함하여 죄와 마귀문제를 비롯한 죽음, 지옥문제까지, 한마디로 하나님을 떠나 인생의 모든 문제를 만나게 된 사건입니다. 그러기에 우리가 만나는 문제 하나하나를 해결해 보려고 그 문제들과 전쟁하면서 (싸우면서) 염려하고 속상해하며, 원망, 불평, 신경질, 짜증낼게 아니라(그러다보면 정신적으로나 육신적으로 더 빨리 지치고 병들어 죽는다), 그런 문제들의 근본 원인인 선악과 사건(불순종=죄)을 해결해야 합니다.

그런데 인간의 힘으로는, 즉 도덕, 율법, 선행, 고행이나 그 어떤 종교행위를 해도 말과 뜻과 행실을 아무리 착하고 깨끗하게 해도, 더 나아가 자기 몸을 하나님께 제물로 드려도 해결되지 못합니다(롬 3:27). 그렇게 해봤자 고생만 실컷 하다가 인생의 종착역인 지옥으로 갑니다(롬 7:10). 이런 불쌍한 우리를 구원하러 오신 분이 계십니다. 그 분이 바로 '예수'입니다. 구원하신 증거가 있습니다. 그게 바로 십자가 사건(피)입니다. 장사한지 사흘 만에 다시 살아나신 부활 사건은 그분이 그리스도라는 확실한 증거입니다.

그러기에 예수가 그리스도라는 것을 안 믿을 수 없는 것입니다. 그러기에 마음의 문을 열고 그분을 영접하게 되고 영접한 순간 우리가 예수님의 찢어진 몸 사이(십자가 사건=피)를 통과하게 되고 그때 우리 영혼이 머리부터 발끝까지 깨끗하게 씻겨 하나님 품에 안기게 된 것입니다. 선악과 사건이 터진 동네(세상=죄 문제를 비롯한 인생의 모든 문제들과의 전쟁터)에서 임마누엘 동네(평화의 동산)로 옮겨진 것입니다. 옮겨진 자기가 진짜 자기(참 나=새사람=새로운 피조물, 고후 5:17)입니다.

아담 안에서 태어난 옛 자기도 죽고, 그리고 아담이 가진 저주(죽음문제를 비롯한 인생의 모든 문제)에서도 해방되어 한마디로 이전 것은 다 지나가버렸고 이제 새사람이 되어 임마누엘 동산으로 옮겨진 자기가 진짜 자기니까 그런 자기 자신을 바라보고 살면 되는데, 그렇게 된 자기가 진짜 자기라는 것을 믿는 믿음에 머물러 있으면 되는데(행 14:22) 사람들이 그러지 못하고 아브라함과 이삭처럼 애굽(세상=선악과 사건이 터진 동네=죄 문제를 비롯한 인생의 모든 문제들과의 전쟁터)으로 잘 내려갑니다.

그러기에 아브라함처럼, 이스라엘 백성들처럼 안 해도 될 고생을 하게 되는 것입니다. 이미 임마누엘 동산으로 건져진 자기가 진짜 자기라는 것을 믿는 믿음에 머물러 있으면, 그렇게 된 자기가 진짜 자기라는 것을 믿는 '믿음의 사람'으로 굳건하게 서 있으면 그 어떤 문제도 정복하게 되어 있습니다. 그런 '믿음의 사람'에게는 세상이 감당치를 못합니다(히 11:38). 마귀도, 죽음도 그 어떤 문제도 이미 자기 발밑에 깔려 있기 때문입니다. 선악과 사건으로 인해 잃어버리고 빼앗긴 것을 다시 찾아 누리게 된 것입니다(창 1:26-28).

아담 안에서 태어난 몸이 아직 썩어지지 않아서 선악과 사건이 터진 동네(세상)에 발을 딛고 있는데 그 몸 덩어리 보고 속지 말고 문제들 보고 속지 말고 이미 임마누엘 동산에 올라와버린 새사람,

참 자유인, 천국백성으로 거듭난 자기가 진짜 자기라는 것을 믿는 '믿음의 사람'으로 굳건히 서 있기 바랍니다.

그러기 위해서 늘 예수가 그리스도(아담 안에서 태어난 나를 죽게 해주시고 예수 안에서 새사람으로 거듭나게 해주신, 선악과 사건이 터진 동네에 살고 있던 나를 임마누엘 동산으로 옮겨주신 구세주, 죄와 죽음문제를 비롯한 인생의 모든 문제의 답 그 자체, 영생은 물론 천국을 비롯한 하나님의 모든 보화 그 자체, 말로만 들었던 하나님 그 자체, 찬송가 96장의 스무 가지 내용 그 자체)라는 것을 믿으라는 말씀에 순종하라고 한 것이니 늘 순종하시기 바랍니다.

그러지 않으면 선악과 사건이 터진 동네에서 몸이 썩어 없어질 그 순간을 기다리고 있는 그 자기가 자기인 줄 알고 그 동네의 문제들과 전쟁을 하게 됩니다. 그러므로 힘들 수밖에 없는 것이고, 임마누엘 동산에서의 왕 같은 제사장의 신분과 권세를 누리지 못하고 선악과 사건이 터진 동네의 거지같은 생각(수준)으로 살게 됩니다. 아직 몸이 썩어지지 않아서 선악과 사건이 터진 동네(세상)에 발을 딛고 있기에 계속해서 "예수가 그리스도라는 것을 믿으라"는 말씀에 순종해야 합니다.

"불순종하여 빼앗긴(잃어버린)것, 순종하여 다시 찾자" "불순종하여 만나게 된 인생의 모든 문제, 순종하여 해방되자" "불순종하여 눌리게 된 삶, 순종하여 누리는 삶을 살자" "불순종하여 정복당하게 된 삶, 순종하여 정복하는 삶을 살자" 라는 표어를 늘 외쳐서 그리스도 체질이 되기를 바랍니다. 한마디로 "예수가 그리스도라는

것을 믿으라"는 말씀(복음)에 늘 순종해서 그리스도 체질(복음 체질)
이 되기 바랍니다. 복음 체질이 되어 살게 될 때 이것이 참 인생이
라는 것을 실감하게 됩니다.

　　그러기에 "예수가 그리스도라는 것을 믿으라"는 말씀에 순종하
는 것이 얼마나 엄청난 복된 삶인지를 실감한 사람은 순종이 제사
보다 낫다는 말씀도 실감이 되어(삼상 15:22) 그 말씀에 생명 걸고
순종하게 됩니다. 순종하지 않으면 살 수 없음을 알기에 늘 순종
합니다. 순종하지 않으면 이런저런 문제들 때문에 속이 상해서 미
치고 환장할 것 같기에 늘 순종합니다. "자나 깨나 불조심"이라는
말처럼 "자나 깨나 순종"하게 됩니다. 세상 불조심 표어처럼 우리
는 자나 깨나 "예수가 그리스도라는 것을 믿으라"는 말씀에 순종
해야 합니다. 오직 예수! 오직 믿음! 오직 복음! 오직 순종! 샬롬!

43

그대여! 배고픈 자는 돼도 머리 고픈 자는 되지 말라!

배고픈 자는 돼도 머리 고픈 자가 돼서는 안 됩니다.

머리가 빈 깡통이면, 즉 머리가 고프면 제대로 일을 하지 못하기에, 머리가 잘 돌아가지 않으면 입에 들어갈 것을 구할 수 없기에 하는 말입니다. 몸의 머리도 채워줘야 되듯 영적인 머리(영혼)도 채워줘야 합니다.

그렇다면 채워줄 수 있는 방법이 무엇일까요?

목사님과 함께 할 때는 말씀을 듣고, 혼자 있을 때는 성경과 그에 따른 좋은 경건서적들을 봐야 합니다. 그러는 중에 하나님의 은혜가 임하게 됩니다. 그러다보면 생각(꿈, 비전)도 얻게 되고, 이런저런 생각이 일어나면 메모하기도 하고, 만들어보기도 하고 그러다보면 성공의 자리에 앉게 됩니다. 그 자리에서 다른 사람들을 도와주고, 성공으로 이끌어 주는 멋진 삶을 살게 됩니다.

그러기에 사람은 '음식'으로만 사는 존재가 아니라 '말씀'으로 사는 존재라는 것을 알고 말씀 먹는 일에 최선을 다하기 바랍니다(마 4:4). 사람들이 성공하기를 원하고 복 받기를 원하면서 어떻게 하면 성공하는지, 어떻게 하면 복을 받아 누리게 되는지에 대한 생각은 하지 않고 땅(세상)의 것만 찾아 헤맵니다. 육적인 배고픔(경제 문제)을 먼저 해결하려고만 한다는 말입니다(마 6:31-31).

인간은 누구나 다 육적인 배고픔 앞에서는 그렇게 될 수밖에 없기에 그렇게 하는 것이 지극히 정상적이고 맞는 것 같으나 땅에서 나는 것도 누구에 의해서인지를 생각해보면 금방 답이 나오는 것입니다. 땅의 것만 찾아 헤매서는 안 된다는 결론이 나온다는 말입니다. 그래서 하나님께서는 위에 것을 바라보라고 하신 것입니다(마 6:33, 골 3:1-4).

이 세상 우주 만물을 누가 창조하셨습니까?
하나님께서 창조하셨습니다. 그것도 무에서 유를, 그리고 말씀으로 창조하셨습니다. 말씀으로 이 세상 우주 만물을 창조하신 하나님께서는 지금도 말씀으로 역사하고 계십니다. 그분은 말씀 중에 최고의 말씀, '생명의 말씀(복음=예수가 그리스도라는 것을 믿으라는 말씀에 순종하면 임마누엘의 복이 임하게 되는, 죄 문제를 비롯한 이런저런 인생의 모든 문제의 늪에서 건져져 임마누엘 동산에서의 삶을 살게 된다는 하나님의 약속의 말씀)'을 우리에게 주시고 그 말씀에 순종하기를 원하십니다.

그리하면 무슨 일을 만나든지 만사형통입니다(찬 384장).

이 세상에 발을 딛고 있어도 이 세상에서의 삶이 아닌 임마누엘 동산의 삶을 살게 됩니다. 그러기에 성공 정도가 아니라 복 그 자체 속으로 들어가서 복을 누리게 되는 것입니다. 생명 그 자체 속으로 들어가서 생명 그 자체를 누리게 되는 것입니다.

그렇게도 만나고 싶었던 진짜 하나님(성령)을 다시 만나게 되고, 그렇게도 율법이나 죄 문제를 비롯한 이런저런 인생의 모든 문제에서 벗어나 자유하고 싶었는데 진짜 자유하게 되고, 그렇게도 천국을 비롯한 하나님의 모든 것을 소유하고 그 어디서나 하늘나라를 누리고 싶었는데 진짜 그렇게 돼버림으로 더 이상 문제 될 것도 없고, 더 이상 부족함도 없기에 이 세상에서의 주어진 시간과 물질과 몸까지도 이런 엄청난 복을 누리는 방법을 전해 주는 일에 사용하게 됩니다.

한 마디로 사람 살리는 일에 쓰게 됩니다. 이렇게 멋지고 복된 삶을 살게 되는 방법은 땅의 것들(음식들)로 안 됩니다. 그리고 땅(세상)의 사상(말)들로 되는 것이 아닙니다. 오직 하나님의 말씀으로만 가능합니다. 말씀의 핵심이 있습니다. 사람을 살리는 생명의 말씀, 말씀의 핵심이 있습니다. 그게 무슨 말씀인지 아세요? "예수가 그리스도라는 것을 믿으라"(요 6:29)는 말씀입니다.

우리는 그 말씀에 순종하면, 즉 "예수가 그리스도라는 것을 믿으라"는 말씀에 순종하면 되는 것입니다. 그리하면 앞에서 말한 그런 엄청난 복을 누리게 됩니다. 그 말씀에 순종하면 하나님의 역동적인 힘이 작동하게 되어 있습니다. 하나님의 말씀은 그렇게

'된다'라는 동사(動=움직일 동, 詞=말씀 사)라서 말 그대로 움직이게 되는, 역동적인 힘이 작동되게 되어 있습니다. 말씀대로 엄청난 복을 누리게 되는 일이 실제로 일어납니다.

순종하면, 즉 "예수가 그리스도라는 것을 믿으라"는 말씀에 순종하면 그렇게 되어 있는데 사람들이 이걸 잘 모르고 그냥 교회만 다닙니다. 그러기에 이 엄청난 역사를 체험하지 못하는 것입니다. 이것이 인간들이 모르는 하나님의 비밀이었습니다(골 1:26). 이 비밀은 아무나 알게 되는 것도 아니고, 이렇게 엄청난 복을 아무나 누리게 되는 것도 아닙니다. 하나님의 택함을 받은 사람들(진리에 속한 사람들, 성도들)에게만 이 비밀이 깨달아지게 되어 있고, 이 복을 누리게 되어 있습니다(요 18:37, 골 1:26).

이렇게 된다는 것을 모르는 사람들이 도덕이나 율법이나 말과 뜻과 행실을 깨끗하고 착하게 해야 된다거나, 고행을 비롯한 각종 종교행위를 열심히 해야 된다고 하는 것입니다. 종교지도자들이나 교인들 중에도 이렇게 엄청난 하나님의 비밀을 모르는 사람들도 있고, 또한 알아도 깨달아지지 않아서 이런 엄청난 복을 누리지 못하는 사람들도 있습니다.

그런 사람들은 이삭(약속의 아들)을 시기하고 핍박했던 이스마엘(약속 밖의 아들)처럼 이런 엄청난 복을 누리는 우리들을 향해 비방하고 욕을 하기도 합니다. 그러나 그들은 이스마엘처럼 쫓겨나게 됩니다. 우리를 향해 욕하고 비방했던 그런 죄까지 지옥에 가서

벌을 받게 됩니다.

우리가 누리는 자유는 죄(선악과 사건을 비롯한 율법)에서까지 자유한 자유이기 때문에, 우리가 누리는 복은 영생은 물론 천국을 비롯한 하나님의 모든 것이기 때문에 너무나 엄청나서 말로 다 형용할 수 없는 자유이며, 말로 다 형용할 수 없는 복입니다. 그런 엄청난 자유, 그런 엄청난 복을 누리고 살기 때문에 앞에서도 말했듯이 더 이상 문제 될 것도 없고, 더 이상 부족함이 없는 것입니다. 그러므로 이 세상에서의 주어진 시간, 물질, 몸까지도 사람 살리는 일(예수가 그리스도라는 것을 가르치고 전하는 일)에 쓰게 되는 것입니다.

이것이 진짜 이웃을, 민족을, 인류를 사랑하는 일입니다.
이것이 진짜 아름다운 행함입니다. 죽은 믿음이 아닌 산 믿음에서 나온 아름다운 행함입니다(약 2:14-20). 이렇게 아름다운 일을 하며 멋지게 즐거운 마음, 넉넉한 마음, 여유로운 마음, 평안한 마음으로 살다보면 세상일도 더 잘됩니다. 일을 하더라도 스트레스를 안 받고 노동을 하거나 책을 보는 일을 더 재밌게, 더 열심히 하게 됩니다.
왜 그렇게 되느냐 하면 그런 것들을 사람 살리는 일에 사용하기 때문입니다. 이 썩어질 몸, 썩어질 재물, 썩어질 세상 지식을 사람 살리는데 거름으로 사용하기 위해서 하는 일이기 때문입니다. 그렇게 즐거운 마음으로 하기 때문에 일도 잘 된다는 말입니다. 그렇게 하다보면 어느 날 세상적으로도 잘 되어 있고, 성공하게 되어 있습니다.

그러기에 그 무엇보다도 먼저 예수가 그리스도라는 것을 제대로 알아야 하고, 알았으면 그것을 믿으라는 말씀에 순종하여 임마누엘 동산으로 올라와야 합니다. 그리하면 나머지가 잘 되게 되어 있습니다. 이게 성공의 비밀입니다. 이게 하나님만이 알고 계시는 비밀인데 그의 성도들에게는 드러난 비밀입니다(골 1:26).

이렇게 말하고 있는 나도 말씀으로 여러 가지로 성공했습니다. 선생님이 돼야겠다는 생각(꿈)을 가지고 있었는데 그 생각대로 진짜 선생님이 되었습니다. 음악(성악)가가 돼야겠다는 생각을 가지고 있었는데 진짜 그렇게 되어서 대학 4학년 때 오페라의 주인공이 되기도 했고, 그렇게 열심히 살던 중 목사가 돼서 영혼(사람)을 살려내어 도와주고, 성공으로 이끌어 주는 삶을 살아야겠다는 생각을 가지게 되었는데 진짜 목사가 되어서 그렇게 살고 있고, 또한 교수도 되고 학장도 돼야겠다는 생각을 가지고 있었는데 교수도 되고 학장도 되었고, 교회와 신학대학을 세워야겠다는 생각을 가지고 있었는데 교회와 신학대학과 기독음대까지 세워서 헌신하고 있습니다.

어느 날 박사들의 얘기를 듣다가 진짜 알아야 할 것을 알지 못하고 별로 중요치 않은 것(배설물)들을 가지고 언쟁하는 것을 보며 내가 박사가 돼서 제대로 말해주어야겠다는 생각이 들었는데 그 생각대로 박사 중의 박사인 신학박사도 되었습니다. 나의 이익, 나의 명예를 위해서가 아니라 이 세상에서의 나에게 주어진 시간과 물질과 몸을 사람 살리는 일에 사용하기 위해서였습니다. 나를 이렇게 만든 것은 음식이 아니라 '말씀'이었습니다. 말씀이 나를 이렇게 만들었습니다.

나도 때로는 실수하기도 하지만 그러나 말씀(복음=예수가 그리스도라는 말씀)이 나를 다시 일으켜 세워서 달려가게 합니다. 그러기에 여러분에게 항상 말씀을 들려주려고 애를 쓰는 것이며, 말씀이 중요하다고 강조하는 것입니다. 머리 고픈 자가 되지 않으려거든, 또한 성공을 해도 여러 가지로 성공하고 싶거든 말씀을 많이많이 먹기 바랍니다.

말씀 듣는 일에 생명을 거십시오. 말씀(복음)을 들어야 그 말씀에 순종이 되고, 순종이 되어야 하나님의 살아있는 말씀, 역동적인 말씀, 동사의 말씀이 자기에게 그대로 작동되어 선악과 사건 때부터 죽었던 영혼이 살아나게 되고, 꿈을 갖게 되고, 이루게 되고, 영적인 것도 알게 되고, 왕 같은 제사장이라는 최고의 신분과 권세를 누리며 말하게 됩니다(벧전 2:9). 샬롬!

44

죽방렴에 갇힌
멸치, 전어, 갈치들

　삼천포와 남해 바닷가에 가면 죽방렴(竹防廉)이 설치돼 있는 것을 볼 수 있습니다. 길고 큰 나무들이나 대나무들을 엮어 만든 발을 물살이 센 바다 길목에 설치해 둔 것이 죽방렴인데 이곳에 멸치, 전어, 갈치 등의 물고기들이 갇히게 됩니다. 밀물 때에 몰려 올라왔던 물고기들이 썰물 때 내려가면서 죽방렴 안으로 들어가 갇히게 되는 것입니다. 거기에 갇힌 물고기는 살아 있으나 그건 살아 있는 것이 아닙니다. 넓은 바다에서의 자유를 잃어버린 삶이며, 결국 인간들의 손에 의해 죽게 되기 때문입니다.

　그 속에는 갈치처럼 생긴 날치가 있는데 그놈은 멸치를 잡아먹으러 들어갔다가 그만 자기도 사람들에게 잡혀 죽게 된 것입니다. 그 안에 들어간 후에는 아무리 애를 써도 못 빠져나옵니다. 누군가가 건져내 주기 전에는 절대로 못 나옵니다. 그러나 물고기들을 잡아먹기 위해 죽방렴을 친 인간들이 그들을 살려 줄 리 없습니다. 인간들이 쳐놓은 죽방렴은 물고기들을 죽음으로 몰고 가는 '사망의 방'인데 물고기들이 그런 줄도 모르고 들어갔다가 결국 사망당하고 맙니다. 인간들의 밥이 되고 만다는 말입니다.

영적인 눈을 뜨고 바라보면 인간들이 죽방렴에 갇힌 멸치와 날치와 같은 신세라는 것이 보입니다. 언제 그렇게 됐냐면 선악과 사건(마귀에 의한 인간의 오리지널 죄, 창 3:1-6) 때입니다. 그 사건 때 인간들이 마귀가 쳐놓은 죽방렴(사망의 방)에 걸려들었습니다.

죽방렴(세상=선악과 사건이 터진 동네=죄 문제를 비롯한 이런저런 인생의 문제들의 늪에 빠져 염려하고 속상해하며, 원망, 불평, 신경질, 짜증나는 지옥 같은 삶을 살다가 지옥으로 가기 위해 대기하는 장소)에 갇힌 인간들이 그 안에서 살아나보려고 이 모양, 저 모양(세상 지식이나, 돈이나, 권력을 많이 붙잡고 살면 되는 줄 알고, 도덕이나 율법으로, 즉 말과 뜻과 행실을 깨끗하고 착하게 하면 되는 줄 알고, 선행이나 고행이나 각종 종교행위를 열심히 하면 되는 줄 알고)으로 몸부림을 치고 있습니다.

그런 방법들이 좋아 보이기에 따라나서서 보지만 그러나 결코 못 빠져 나오고 사망에 이르게 됩니다(롬 7:10). 선악과 사건 때 죽방렴에 갇힌 인간들이 그런 방법들을 동원해보지만 그건 바닷가에 설치된 죽방렴에 갇힌 물고기들이 살아보려고 몸부림을 치는 것과 같은 것이고 결국 그러다 죽어 지옥으로 갑니다. 그러기에 선악과 사건(죄)에 빠진 인간(죄인)은 참으로 불쌍한 존재입니다. 그래서 이런 내용을 아시는 예수님께서 그런 인간들을 향해 차라리 태어나지 말았으면 좋았을 것이라고 하신 것입니다(마 26:24).

이런 얘기를 듣다보면 개 팔자가 상팔자라는 것을 알게 됩니다. 개들은 이런 내용을 몰라도 되니까 먹고, 싸고, 자고, 놀고, 암수 짝을 지어 새끼 낳고, 지지고 볶으며 살다가 죽으면 그만이니까. 인간들도 그렇게 살다가 죽습니다. 그러나 인간은 이런 영적인 내용에 대해 알아야 합니다. 죽방렴에 갇힌 줄도 모르고(선악과 사건 때부터 지금까지 갇혀 있는데 그렇다는 것을 모르고) 그렇게 살다가 죽어 지옥에 가면 안 되기에 말입니다.

이 세상에 태어난 인간은 죽방렴에 갇힌 멸치나 날치 신세라는 것을 알아야 하고 거기서 벗어나야 합니다. 벗어나지 못한 상태에서 바닷가의 죽방렴에 갇힌 멸치나 날치만 잡아먹고(경제활동만 하고) 살아서는 안 됩니다. 그런 것들이 많이 잡혔다고, 돈을 많이 벌었다고, 경제활동을 잘 해서 대박 났다고 좋아해봤자 죽방렴에 갇힌 상태에서 그러고 있는 것임을 알아야 합니다. 그래야 어쩌다 그런 신세가 됐는지 근본 원인(선악과 사건)을 찾게 될 것이고 거기서 빠져나올 수 있는 해결책(답=예수)이 뭔지 찾게 될 것 아닙니까.

앞에서 말했듯이 인간이 인간 죽방렴에 갇힌 근본 원인은 선악과 사건(죄)입니다. 그러기에 무엇보다도 먼저 죄 문제를 해결해야 합니다. 죄 문제를 해결하기 위해 여자의 후손(메시아=그리스도)을 보내주시겠다고 하나님께서 약속하셨는데(창 3:15), 약속대로 그분이 2,000년 전에 이 세상(인간 죽방렴 속)에 오셨습니다(마 1:21-25). 그 분이 바로 '예수'입니다. 해결해 주신 증거가 있습니다. 그게 '십자가 사건(피)'입니다.

예수님께서 죽방렴까지 내려와 죽기까지 해서 죽방렴에 갇혀 있던 우리를 구해 주셨으니 그분이 우리의 구세주(메시아=그리스도)라는 것을 안 믿을 수 없는 것입니다. 그분을 마음속에 영접하면 영접하는 순간 죽방렴에서 해방됩니다. 해방됨으로 자유하게 됩니다. 이것을 참 자유라고 합니다.

뿐만 아니라 말로만 들었던 하나님을 다시 만나게 되고, 영생은 물론 천국을 비롯한 하나님의 모든 것을 소유한 천국 백성이 됩니다. 그러므로 더 이상 문제 될 것도 없고 더 이상 부족함이 없다고 노래하게 되는 것입니다(시 23:1-6, 합 3:17-19). 그 어디서나 하늘나라를 누리게 되고(찬 438장), 무슨 일을 만나든지 만사형통하게 됩니다(찬 384장). 마귀나 세상이, 문제들이 "예수가 그리스도라는 것을 믿으라"는 말씀에 순종하는 사람을 감당하지, 이기지 못합니다(히 11:38). 그것들이 우리 발밑에 밟힌 상태이기 때문입니다.

이런 사람(새사람)으로 거듭나게 해주신 분이 누구십니까? 그분이 '예수'입니다. 그렇게 해주신 증거는 무엇입니까? 그게 그분이 당하신 십자가 사건(피)입니다. 그 어떤 법이나 그 어떤 행위로도 죽방렴에서 벗어날 수 없었는데(롬 3:27), 새사람으로 거듭날 수 없었는데 예수님께서 그렇게 해주셨기에 그분이 우리의 구세주(메시아=그리스도)라는 것을 안 믿을 수 없는 것입니다. 이 세상에 발을 딛고 있는 그날까지 "예수가 그리스도라는 것을 믿으라"는 말씀에 순종하여 죽방렴에서 해방된 사람답게 살기 바랍니다.

그리고 짝을 지어 살려면 이렇게 돼버린 사람과 짝을 지어 살기 바랍니다. 그래야 그분의 사랑으로 사랑하며 살게 됩니다. 그러나 그렇지 못한 사람과 짝을 지어 살면 전쟁 속에 살게 됩니다. 영적으로 다르기 때문에 말도 안 통합니다. 겉모습은 사람이지만 잡혀 죽기 위해 태어난 이성 없는 짐승 같은 존재라서 답(그 문제의 답이 예수야!라는 말)을 말해줘도 답을 답으로 여기지 않습니다(유 1:10). 답을 내팽개쳐버리고 계속 문제 때문에 속상해하고 원망, 불평합니다. 이성 없는 짐승과 함께 살고 있는 상태라서 진정한 부부생활, 진정한 사랑으로 사랑하는 사랑이 안 됩니다.

생각 자체도, 보고 달려가는 것도 완전히 다릅니다. 한 사람은 선악과 사건이 터진 동네(세상=문제 동네=죽방렴)에서, 한 사람은 답 동네, 복동네인 임마누엘 동산에서 살고 있기에 생각하는 것이, 바라보는 것이 완전히 다릅니다. 복음에 불순종하는 자들은 문제들 때문에 자기 마음속에 늘 전쟁이 일어나 있음으로 편할 날이 없습니다. 자기 속의 전쟁이 바깥으로도 나옵니다. 다투고 살인하는 일이 벌어진다는 말입니다. 집안 공기도 항상 어둡습니다. 남해 바다의 죽방렴에 갇힌 물고기들이 마음 편할 리가 없듯 인간 죽방렴에 갇힌 인간들이 사는 집안도 마음 편할 리가 없는 것입니다. 그 죽방렴 안에서 서로가 서로를 정죄하고 공격하며 죽을 날을 기다리고 있습니다.

그런 삶에서 벗어나려면 "예수가 그리스도라는 것을 믿으라"는 말씀(복음)에 순종하는 방법밖에 없습니다. 그래야 일단 내가 살고, 내가 편합니다. 그래야 내가 죽방렴에서 해방되어 자유케 됩니다. 그런 나는 나와 같이 죽방렴에서 나온 사람을 찾아 결혼하게 됩니다. 그러므로 선악과 사건이 터지기 전의 아담, 하와처럼 멋지게 살게 되는 것입니다.

하나님께서는 복음에 순종하여 그렇게 살라고 하시는데 사람들이 이런 내용도 모르고, 알아도 순종하지 않으니 하나님의 마음이 얼마나 아프시겠습니까. 그동안 하나님의 마음을 많이 아프게 했으니까 이제부터는 복음에 순종하여 하나님 마음을 시원케 해 드리고, 우리도 시원하게 멋지게 사랑하며 삽니다. 샬롬!

45

복음에 순종하는 사람만큼 행복한 사람은 없다

예수가 그리스도라는 것을 진짜 믿는 믿음의 사람은 예수님께서 십자가에 달려 죽으셨을 때 자기(아담 안에서 태어난 옛 사람)도 같이 죽은 것으로 여깁니다(믿습니다). 또한 예수님께서 무덤 속에 장사됐을 때 자기도 같이 장사됐고, 예수님께서 부활하셨을 때 자기도 같이 부활했고, 예수님께서 하나님 우편에 계심으로 자기도 하나님 우편에 있는 상태(임마누엘)와 마찬가지로 여깁니다. 한 마디로 예수님에게 일어났던 일들을 자기 것으로 여깁니다.

그러므로 자기가 이미 새 사람이 된 것도 알고, 임마누엘 동산에 들어와 임마누엘의 복을 누리고 있음도 압니다. 좀 더 풀어서 말하자면 이미 아담 안에서 태어난 옛 자기는 죽고, 지금은 예수 안에서 거듭난 새 사람이라는 것도 알고, 그 새 사람이 임마누엘 동산(그리스도 안에)에 들어와 임마누엘의 복을 누리고 있다는 것을

안다는 말입니다(고후 5:17). 새 사람이기에 새 노래(찬송)를 부르며
(사 43:21), 그 어디서나 하늘나라를 누린다는 말입니다(찬 438장).

쌀독에 쌀이 없어도, 지갑에 돈이 없어도 부족하다고 여기지 않
습니다(합 3:17-18). 그런 문제뿐만 아니라 세상이 뒤집어지든 폭발
하든 그 어떤 문제와도 상관없이 그 어디서나 하늘나라를 누립니
다. 그리스도(죄 문제를 비롯한 인생의 모든 문제의 답, 천국을 비롯한 하나님의
모든 보화)이신 예수로 인하여 기뻐하며 자기에게 주어진 시간과 물
질과 몸을 사람 살리는 일에 씁니다.

"여호와는 나의 목자시니 내게 부족함이 없으리로다(시 23:1)… 내 잔이
넘치나이다"(시 23:5)라고 고백한 다윗처럼 우리들은 "예수가 나의
그리스도이시니 내게 문제 될 것도, 부족함도 없나이다… 내 잔
이 넘치나이다" 라고 고백하게, 노래하게 되는 것입니다. 그리고
예수가 그리스도라는 것을 전하는 왕 같은 제사장으로서의 삶, 그
리스도인으로서의 삶, 즉 주어진 시간과 물질과 몸을 사람 살리는
일에 던지는 삶을 살게 되는 것입니다.

그런데 예수 믿는다면서도 이런 엄청난 존재로 거듭나 있는 자
기 자신을 바라보지 못하고 현실 속에서 일어나는 문제들 때문에
염려하고 속상해하며, 원망, 불평, 신경질, 짜증나는 지옥 같은 삶
을 사는 사람들도 있습니다. 그런 삶을 살다가 지옥으로 갈 수밖
에 없는 우리를 임마누엘 동산으로 건져내 주셨는데, 그렇게 해
주신 증거가 있는데, 그게 예수님께서 당하신 십자가 사건(피)인

데, 그러기에 예수가 그리스도라는 것을 안 믿을 수 없는데, 그렇게 믿어진다면 무엇이 문제 될 것이 있겠으며, 무엇이 부족하겠습니까.

예수 믿는다면서도 문제들 때문에 염려하며 속상해하고 원망, 불평, 신경질, 짜증내며 사는 사람들은 아직도 예수가 그리스도라는 것을 제대로 모르거나, 알아도 그것을 믿으라는 말씀에, 즉 "예수가 그리스도라는 것을 믿으라"는 말씀에 순종하지 않아서 그런 것입니다. 교인들 중에도 예수가 그리스도(죄, 율법, 마귀, 죽음문제를 비롯한 인생의 모든 문제의 답, 영생은 물론 천국을 비롯한 하나님의 모든 보화)라는 것을 믿으라는 말씀에 불순종하면서 예수 믿는다고 교회만 열심히 다니는 교인들이 있습니다. 그런 사람은 교회에 다니는 죄인입니다.

오늘 말씀을 읽으면서 점검해보기 바랍니다. 그대는 정말 예수가 그리스도라는 것을 믿는 믿음의 사람입니까? "예수가 그리스도라는 것을 믿으라"는 말씀에 순종하고 계십니까? 이것은 하나님아버지께서 시키신 일인데(요 6:29) 이 일을 하고 계십니까? 하고 계신다면 그대만큼 행복한 사람은 없습니다.

그러나 예수 믿는다며 교회를 다니면서도 죄 문제를 비롯한 이런저런 문제들이 문제들로 보인다면, 그래서 그런 문제들 때문에 염려하고 속상해하고 원망, 불평, 신경질, 짜증나는 지옥 같은 삶을 살고 있다면 그건 "예수가 그리스도라는 것을 믿으라"는 말씀

에 순종하지 않아서 그런 것입니다. 그것이 죄라는 것을 알아야
합니다.

율법대로 살지 못한 것만 죄라고 여기는 사람들이 있는데 물론
율법대로 살지 못한 것도 죄입니다. 그러나 "예수가 그리스도라는
것을 믿으라"는 말씀에 불순종하는 것이 더 악한 죄라는 것을 알
아야 합니다(요 16:9). 예수님의 십자가 사건을 헛되게 만들어버리
는 참으로 악한 죄라는 것을 알아야 합니다.

선악과 사건에 빠진 죄인들, 율법대로 살지 못한 죄인들의 죄
를 깨끗하게 해결해 주시려고 하나님이 사람의 모습(예수)으로 오
셨고(마 1:16) 그분께서 그 엄청난 십자가 사건을 당하기까지 해서
죄인들인 우리들의 죄를 깨끗하게 해결해 주셨는데, 그 증거가 그
분이 당하신 십자가 사건인데(요 19:1-30), 죄에서 우리를 구해 주
셨는데, 그러기에 그분이 우리의 구세주(메시아=그리스도)인데, 그렇
다는 것을 알고 믿으라고 하시는데, 즉 예수가 그리스도라는 것을
믿으라고 하시는데(요 6:29), 그렇다면 우리는 그 말씀에 순종하면
되는데(죄에서 자유케 되는데, 죄 사함 받고 성령을 받게 되는데), 순종하지 않
음으로 아직 죄인일 수밖에 없는 것입니다.

예를 들어 그대가 세상을 사는 중에 죄를 지었다고, 즉 죄 문제
가 있다고 합시다. 하나님께서는 죄 문제의 답이 '예수'라는 것을
십자가 사건(피)이라는 증거까지 제시하면서 믿으라고 하십니다.
그렇다면 그대가 그 죄 문제의 답을 '예수'라고 믿지 않으면, 즉 그

대가 죄 문제의 답이 예수라는 것을 믿으라는 말씀에 순종하지 않으면 어찌 되는 것입니까? 죄에서 자유로울 수 있겠습니까?

죄 문제뿐만 아니라 죽음문제를 비롯한 나머지 문제들도 다 마찬가지입니다. 죽음문제를 비롯한 인생의 모든 문제의 답이 예수라는 것을 믿으라는 말씀에, 즉 "예수가 그리스도라는 것을 믿으라"는 말씀에 순종하지 않으면 죽음문제를 비롯한 인생의 모든 문제에서 자유로울 수 없는 것입니다.

그러기에 예수가 그리스도(죄와 죽음문제를 비롯한 인생의 모든 문제의 답 그 자체, 영생은 물론 천국을 비롯한 하나님의 모든 보화 그 자체, 말로만 들었던 하나님 그 자체, 찬송가 96장의 스무 가지 내용 그 자체)라는 것을 믿으라는 말씀에 순종하는 것이 너무너무 중요한 것입니다. 그동안 불순종하고 있었다면 순종으로 돌아서야 합니다.

"예수가 그리스도라는 것을 믿으라"는 말씀 이외의 말씀, 또는 자기 생각을 다 내려놓고 "예수가 그리스도라는 것을 믿으라"는 말씀에 순종해야 구원받는다는 말씀에 무릎을 꿇고 엎드리는 것이 회개입니다. 그것이 참 회개입니다. 회개하지 않으면 구원은커녕 앞에서 말한 그런 삶을 절대로 살 수 없습니다. 율법대로 살지 못한 그 죄를 회개하는 차원에 머물러 있으면 안 됩니다.

비록 율법대로 살지 못했다 할지라도(이미 선악과 사건에 빠진 죄인이기에 죄가 사람 속에 담겨 있어서 아무리 죄를 안 지으려 해도 짓고 맘, 롬 7:20), 그래서 죄인이라 할지라도 "예수가 그리스도라는 것을 믿으라"는 말씀에 순종하면 그 죄 문제뿐만 아니라 선악과 사건이라는 그 엄청난 죄도 그리고 그동안 "예수가 그리스도라는 것을 믿으라"는 말씀에 불순종한 그 악한 죄도 용서받게 됩니다. 예수가 그리스도라는 말이 참으로 엄청난 말이며, 그것을 믿으라는 말씀은 정말 정말 우리들에게 너무나도 귀한 말씀, 우리를 살리기 위한 말씀이라는 것을 알고 생명 걸고 순종해야 합니다.

우리가 무엇을 어떻게(도덕이나 율법대로 살아서, 말과 뜻과 행실을 깨끗하고 착하게) 해서 임마누엘의 복을 누리게 되는 것이 아니라 "예수가 그리스도라는 것을 믿으라"는 말씀(복음)에 순종하면 그렇게 되는 것입니다. 그러기에 무엇보다도 먼저 해야 할 일이 "예수가 그리스도라는 것을 믿으라"는 말씀(복음)에 순종하는 것입니다. 이것이 너무나 시급하고 중요한 것입니다. 그리하면 진짜 임마누엘의 행복한 삶을 살게 되기에 말입니다.

행복은 세상 것들 속에 있는 것이 아니라 복음 속에 있기에 복음에 순종하면 행복은 저절로 따라오는 것이기에, 행복은 세상적인 방법으로 노력해서 얻어지는 것이 아니라 복음에 순종하면 얻어지는 것이기에, 복음에 순종하는 것이 너무너무 시급하고 중요한 일입니다. "예수가 그리스도라는 것을 믿으라"는 말씀에 순종하여 진짜 임마누엘의 복된 삶을 살기 바랍니다. 샬롬!

46

도화지의 그림

사람들은 작은 공간(도화지)에 그림을 그리고 또한 그것을 다른 사람에게 팝니다. 그림을 그린 사람이 주인이지만 누군가가 값을 지불하고 가져가면 그 사람의 것이 됩니다. 그 사람이 그림의 주인이 되는 것입니다. 그러기에 그 그림을 찢어버릴 권한도, 또한 다른 사람에게 공짜로 줄 수 있는 권한도 있는 것입니다.

하나님께서 이 거대한 우주공간에 그림(만물)을 그리(창조)셨습니다. 그 그림을 그리시고 자기의 형상을 입은 인간에게 거저 주셨습니다. 인간이 주인(왕)답게 그것을 잘 가꾸고 다스려야 하는데 그런 권세를 마귀에게 빼앗겨 버렸습니다. 넘겨 줘버렸습니다. 언제 넘겨줬느냐 하면 선악과 사건 때입니다(창 3:1-6). 그러니까 선악과 사건은 인간에게 주어진 권세를 마귀에게 넘겨 준 사건이었습니다.

마귀도 이걸 알고 있기 때문에 넘겨받았다고 말한 것입니다. 언제 그런 말을 했냐구요? 우리에게 다시 왕 같은 제사장의 신분과 권세를 회복시켜 주시려고 오신 예수님을 향해 그렇게 말했습니다(눅 4:6). 그리고 그 마귀가 예수님이 그리스도라는 것을 알고 그 그리스도의 임무수행을 방해하기 위해 인간(아담)으로부터 넘겨받은 세상에 대한 권세와 영광을 줄 테니까 자기에게 엎드려 절(경배)을 하라고 합니다.

그러나 그리스도이신 예수님께서 마귀의 그런 말에 넘어갈 리가 있겠습니까. 맨 처음 사람인 아담(하와)은 마귀의 말에 넘어가서 하나님께서 주신 엄청난 신분과 권세를 선악과 하나 때문에 빼앗겨버렸지만, 예수님께서는 그런 말에 넘어가지 않으시고 오히려 말씀으로 이기십니다(눅 4:4, 마 4:4,10). "사탄아! 물러가라!"라는 예수님의 명령대로 얼마동안 예수님을 떠나 있던(눅 4:13) 마귀는 결국 하나님의 선민인 유대인들을 부추켜 십자가 사건을 일으킵니다.

그러나 그게 바로 자기 꾀에 자기 머리가 박살나는 순간이었습니다(창 3:15). 하나님의 머릿속에만 있었던 하나님의 비밀을 어찌 마귀가 알 수 있겠습니까. 아무리 영리한 마귀라 할지라도 하나님의 지혜(머리)에는 안 되는 것입니다. 그 십자가 사건(피)으로 인해 우리가 다시 살게 되었고(영생), 또한 잃어버린 신분과 권세(왕 같은 제사장)를 회복하게 되었습니다. 우리가 감당하지 못했던 그 마귀마저도 이젠 이길 수 있게 된 것입니다.
죄 문제도, 죽음문제도, 인생의 그 어떤 문제도 우리를 감당하지, 이기지 못합니다(히 11:38). 죄에서도 자유케 되었고, 죽음문제를 비롯한 인생의 모든 문제에서 자유케 되었기 때문입니다. 그런 것에 종노릇하던 우리가 해방됐기 때문입니다. 예수님의 십자가 사건 한방으로 우리가 영생은 물론 천국을 비롯한 하나님의 모든 것을 다 얻었고, 종노릇하던 인생의 모든 문제에서 해방되었으니 십자가 사건(피)은 참으로 엄청난 사건이었습니다.

예수님의 피가 아니었더라면 우리는 아직도 마귀를 비롯한 이런저런 문제들에게 종노릇하고 있었을 것이며, 삶의 현장(현실)에서 일어나는 문제들 때문에 늘 염려하고 속상해하며, 원망, 불평, 신경질, 짜증나는 지옥을 같은 삶을 살고 있었을 것입니다. 천국을 비롯한 하나님의 모든 것을 누리지 못하고 있었을 것입니다. 하나님께서 이 거대한 도화지(세상)에 그림을 그려주시며 우리에게 정복하고 다스리라고 하셨는데(창 1:28) 마귀에게 빼앗긴 채 그의 종노릇만 하다가 죽어 지옥으로 갈 수밖에 없었을 것입니다.

예수님께서 흘리신 자기 피를 들고 참지성소(천국)로 들어가심(승천 사건)으로 인해 우리의 죄(선악과 사건이라는 오리지널 죄와 율법대로 살지 못한 죄=모든 죄)가 단번에, 영원히, 완전히 깨끗하게 씻겨버렸습니다. 예수님께서 이렇게 해주신 구세주(메시아=그리스도)라는 것을 믿고 영접하면 영접하는 순간 우리가 예수님의 찢어진 몸 사이(십자가 사건=피)를 통과하게 되고, 통과하는 순간 우리 영혼이 머리부터 발끝까지 깨끗하게 씻겨져 하나님 품에 안기게 됩니다.

선악과 사건으로 인해 하나님을 떠났던 우리가 다시 하나님을 만나게 되는 것입니다. 실제로 하나님(성령)이 우리 속에 임하십니다. 나도 예수님을 영접해서 그렇게 된 것입니다. 내가 이렇게 말하고 있는 이런 내용들은 성령께서 가르쳐 주심으로 알게 된 것이고, 말하는 것입니다(행 2:4). 우리에게 임하신 성령(하나님)께서 우리들에게 이런 엄청난 내용을 가르쳐 주셨고, 누리게 해주신 것입니다.

하나님께서 그려 주신 이 거대한 도화지의 그림을 예수님의 십자가 사건(돈으로 계산할 수 없는 값)을 통해 다시 찾아 주셨다는 것도 알게 되었고, 이제는 정복하고 다스리게 된 것입니다(창 1:28). 그러기에 그것들(해, 달, 별, 동물, 식물 등)에게 소원을 빌거나 절하거나, 그것들을 신앙의 대상으로 여기고 섬기지 않습니다. 만약 예수 믿는다면서 그러고 있다면 그건 진짜 예수 믿는 사람이 아닙니다. 그렇게 하는 것은 그것들 앞에 종노릇하는 것이나 마찬가지이며 예수님의 십자가 사건을 헛되게 만드는 것입니다.

그런 것들뿐만 아니라 그 어떤 인간들에게나 그들의 사상이나 도덕이나 율법이나 그 어떤 것들에게도 지배당하지(종노릇하지) 말고 자유하기 바랍니다. 자유하되 복음을 전하기 위해서 절제하기 바랍니다. 하나님께서 챙겨주신 죄 문제를 비롯한 인생의 모든 문제의 답(예수)을 삶의 현장에서 늘 적용시켜서(예수가 그리스도라는 것을 믿으라는 말씀에 순종하여) 늘 하늘나라를 누리기 바랍니다. 샬롬!

47

수학여행 1

학생들과 함께 수학여행을 갈 때 제주도 가는 배를 탔습니다. 배 바깥으로는 많은 지구(섬)들이 보입니다. 배가 엄청 크기에 파도로 인한 흔들림도 거의 없습니다. 비행기를 탄 것 같습니다. 바다가 물로 가득합니다. 이렇게 엄청난 물 문제, 파도문제를 만나도 나는 안전합니다. 그 이유는 내가 무엇을 어떻게 해서가 아니라 그냥 큰 배에 타고 있기 때문입니다. 계속해서 밀려오는 파도문제와 상관없이 룰루랄라 즐겁게 배안을 돌아다니며 구경하고 바깥 풍경도 보고 있습니다.

이렇게 세상 배(지금 내가 타고 가는 육적인 배)도 바다의 엄청난 물 문제, 파도문제 위에 둥둥 떠서 룰루랄라 즐겁게 목적지를 향해 가고 있는데 그리스도라는 방주(영적인 배)는 어떻겠습니까? 우리는 이미 예수님의 찢어진 몸 사이를 통과한 사람들입니다. 찢어진 몸 사이(십자가 사건=피)를 통과할 때 그 피에 우리 영혼이 머리부터 발끝까지 깨끗하게 씻겨져 그리스도라는 엄청난 방주 안에 올라탄 사람들입니다(하나님 품에 안긴 사람들입니다).

지금 내가 타고 있는 이 육적인 배도 바다의 엄청난 물 문제 위에 둥둥 떠서 목적지(제주도)를 향해가고 있듯, 그리스도라는 방주도 세상의 문제들 위에, 즉 죄, 마귀, 죽음문제를 비롯한 이런저런 인생의 모든 문제 위에 둥둥 떠서 목적지(천국)를 향해 가고 있습니다. 그리스도라는 방주가 너무나 커서(그리스도 안에 너무나도 엄청난 지혜와 지식과 보화가, 그리스도 안에 죄 문제를 비롯한 이런저런 인생의 모든 문제의 답이, 천국을 비롯한 하나님의 모든 것이 들어 있기에) 그 배 안을 돌아다니며 구경을 해도 끝이 없습니다. 계속해서 "할렐루야!"라는 감탄사가 터져 나옵니다. 감사가, 노래가 영혼 깊숙한 곳에서 올라옵니다.

나는 그 배 안을 구경하고 돌아다니면서 세상을 향해 "이 배 타세요, 이 배가 천국 가는 배입니다"라고 외치고 있습니다. 그대는 어떠합니까? 그리스도라는 큰 배에 올라탔습니까? 아직 올라타지 않았다면 얼른 올라타십시오. 너무나 좋습니다. 올라타는 방법은 예수가 그리스도(우리 영혼의 방주)라는 것을 믿고 받아들이면 됩니다.

예수가 그리스도라는 말은 예수님께서 십자가 사건(살을 찢고 피를 흘리심)을 통해 죄로 물든 우리 영혼을 깨끗하게 씻어 주셔서 천국 가는 방주 안에 태워주신 구원의 하나님(구세주=메시아)이라는 말입니다. 그러니까 예수가 그렇게 해주신 구세주이기도 하지만, 천국 가는 방주 그 자체이기도 합니다. 예수를 믿되 예수가 그런 분이라는 것을 믿고 자기 마음속에 모셔 들이면 됩니다.

앞의 내용을 생각하면서 이렇게 고백하면 됩니다.
"예수님이 나의 구세주입니다. 지금 이 시간 나의 마음의 문을 열고 당신을 모셔 들입니다. 어서 들어오십시오. 그리스도이신 예수 이름으로 기도합니다."

그 순간 그대가 예수님의 찢어진 몸 사이(십자가 사건=피)를 통과하게 되고, 그때 영혼이 머리부터 발끝까지 예수님께서 흘리신 피에 깨끗하게 씻겨져 거룩한 하나님의 자녀가 되고, 천국 방주(그리스도라는 방주)에 올라타서 그리스도의 세계를 들여다보며 룰루랄라 즐거운 삶을 살게 됩니다. 그렇게 되기를 바랍니다. 샬롬!

48

수학여행 2

제주도에 학생들과 수학여행을 와보니 구경 온 내국인들과 외국인들이 참 많습니다. 사람들이 세상 구석구석에 널려있는 신비롭고 기묘한 하나님의 작품들을 들여다보기(구경하기) 위해 비행기, 배, 자동차 등을 타고 돌아다닙니다. 그것도 공짜가 아니라 많은 경비와 시간을 들여 고생하며 돌아다닙니다.

나도 오늘 하루 학생들과 함께 이곳저곳으로 이동하며 걸었던 거리가 십리는 되는 것 같습니다. 돌아다니는 것도 고생이지만 데리고 온 학생들을 일일이 챙겨야 하기 때문에 더 고생입니다.

이렇게 눈에 보이는 세상(육적인) 것들은 그렇게 많은 경비와 시간까지 들이고, 또한 고생까지 해가면서 들여다보려고 애쓰면서도, 그리스도 안에 담겨 있는 진짜 신비한 하나님의 세계를 들여다보는 것에는 관심조차 없는 사람도 있습니다. 이것은 그렇게 고생할 필요도 없이 거저 얻어 누리는 것인데…. 그리스도 안에 들어오면 말로만 듣던 하나님을, 즉 선악과 사건(마귀에 의한 인간의 오리지널 죄, 창 3:1-6) 때 이산가족 되었던 그 하나님아버지와의 만남이 주어지고, 우리 힘으로 해결할 수 없는 죄, 마귀, 죽음문제를 비롯한 인생의 모든 문제의 답을 얻게 되고, 영생은 물론 천국을 비롯한 하나님의 모든 것을 소유한 천국백성으로서 그 어디서나 하늘나라를 누리게 되는 그야말로 엄청난 복(인간으로 태어난 이상 이 복을 받아 누려야 함)을 챙기게 되는데 말입니다.

높은 산이나, 거친 들이나, 초막이나, 궁궐이나 그 어떤 문제나, 그 어떤 환경(현실)이든지 그런 것과 상관없이 일체의 자유, 일체의 자족의 비결을 알아 버렸기에 그 어디서나 하늘나라(참 자유, 참 기쁨, 참 평안, 참 만족 등)를 누리게 되는데 말입니다. 예수님께서 그렇게 해주셨습니다. 그렇게 해주신 증거가 있습니다. 그게 예수님께서 당하신 십자가 사건(피)입니다. 예수님께서 그 엄청난 십자가 사건을 당하시기까지 하여 그렇게 해주셨기에 그분이 우리에게 있어서 구세주(메시아=그리스도)입니다.

예수가 그리스도라는 것을 믿고 영접하면 그런 엄청난 복을 지금부터 영원히 누리게 됩니다. 실제로 성령(그리스도의 영)이 임합니다. 그 그리스도의 영이 내 안에, 내가 그리스도 안에 거하게 됩니다. 그리스도와 영적으로 한 몸 된다는 말입니다. 육적으로도 함께하게 되고, 보게 되는 일은 예수님께서 다시 오시는 날입니다. 그날은 지금 이 몸이 아닌 새 몸을 입고 함께 하게 됩니다. 일단 지금부터 영적으로 그분과 함께 하며 그분의 것을 누리게 됩니다.

참으로 엄청난 복입니다.

그리스도 안에 들어와서 세상의 것들을 보면 이전과는 다른 눈으로 보게 됩니다. 영화를 봐도, 드라마를 봐도 영적으로 겹쳐 보입니다. 그리스도 안에 들어오면 영안이 열리기에 그렇게 됩니다. 그렇게 세상(육적인)것들을 봐도 영적인 것을 동시에 생각하며 바라보게 되기에 세상 것들을 보면서 더 많은 것을, 더 많은 기쁨을 느끼며 보게 되므로 감동도 더 뜨겁고 더 진하고 더 진실합니다.

이런 내용을 아는 남녀가 짝을 지어 살면 진짜 사랑으로 찐하게 사랑하게 되고, 그렇게 한 몸 된 것을 통해 그리스도의 비밀을 더 깊이 깨닫게 되고 하나님을 노래하게 됩니다. 세상 것들을 통해 영적인 것들을 영혼의 피부로 더 느끼게 되고, 그래서 또 감사하게 되고, 감사의 시를 쓰게 되고, 감사의 노래도 만들어 부르게 됩니다.

세상적인 차원의 생각으로만 살다가 이런 엄청난 하나님의 생각 속에 들어와 하나님과 교제하며 하나님의 생각(뜻)을 이루어 드리는 멋진 삶을 살게 됩니다. 말로 다 형용할 수 없는 기쁨이 자꾸 솟아 올라오게 됩니다. 그러므로 정신적으로나 육신적으로도 강건해집니다. 그동안 이런 내용도 모르고 이런저런 문제를 만날 때마다 염려하고 속상해하고 원망, 불평, 신경질, 짜증나는 지옥 같은 삶을 살면서 정신적으로나 육신적으로 지치고 병든 것도 치유됩니다.

물론 지옥문제도 당하지 않습니다. 이미 그리스도 안에 들어왔기 때문입니다. 그러니까 그리스도 안에 들어오면 되는데 사람들이 그리스도라는 말은 들었음에도 그 안으로 들어오려고 하지 않으니까 이런 어마어마한 복을, 그리스도 안의 세계를 볼 수도 누릴 수도 없는 것입니다.

그 안에 들어와야 자기 자신(인간)이 누구인지도 알게 되는데, 사람들이 자기가 누군지, 어떤 존재인지도 모르면서 세상공부, 세상 구경만 하고 돌아다니다가 죽습니다. 그러다가 각종 종교행위를 하기도 하고, 교회에 들어와서는 율법을 좇아 살다가 죽어 지옥으로 갑니다(롬 7:10). 율법의 마침표인 그리스도 안에 들어오면 되는데 말입니다(롬 10:4). 그리스도 안에 들어와서 그리스도의 세계를 구경하고 살면 이렇게 좋은데…. 그리스도! 그리스도! 그리스도라는 말이 참으로 엄청난 말인데 말입니다. 샬롬!

49

수학여행 3

세상 길은 아무리 달려가 봐도 결국 세상입니다. 학생들과 제주도로 수학여행 온 지 사흘째입니다. 오늘도 버스를 타고 세상 길을 달리고 있습니다. 버스 스피커에서는 방주연의 "지나간 여고시절"이라는 노래가 나오고 있습니다. 내가 학창시절 즐겨 불렀던 노래이기도 합니다. 이런 세상 노래를 듣고 부르며 세상 길을 달려봤자 결국 세상입니다.

세상 길을 아무리 달려 봐도 세상 안(지구 안)에서 빙빙 돌고 있을 뿐이라는 말입니다. 그렇게 세상 길을 빙빙 잡아 돌다가 인생막을 내립니다. 그렇게 끝나고 만다면 얼마나 허무한 일입니까? 허무함을 달래보려고 세상 일을 열심히 해보지만, 그래서 돈과 지식과 명예와 권력 등 세상적인 것을 더 많이 챙기려고, 더 높이 올라가보려고 하지만, 그렇게 해서 솔로몬 왕처럼 세상 온갖 것을 다 누려 봐도 결국 헛되고 헛된 것입니다(전 1:2-3).

그래서 또 다른 길을 들여다보고 달려갑니다. 즉 말과 뜻과 행실을 깨끗하고 착하게 하면 천국행 버스에 올라탈 수 있다거나, 도덕이나 율법이나 고행이 수반된 종교행위를 하면 그렇게 된다거나, 공자사상이나 석가모니 사상이나 각종 종교행위를 하면 그렇게 된다는 생각(믿음)으로 그런 길을 달려가는 사람들도 많다는 말입니다. 그런 길도 세상 땅바닥의 길과 같은 길이라서 결국 그런 자리에서 빙빙 잡아 돌다가 죽어 지옥으로 갑니다.

하나님의 말씀인 율법을 따라가도 결국 그 율법을 따라 빙빙 잡아 돌다가 사망(지옥)에 이르게 됩니다(롬 7:10). 그런 것들은 세상에 살 동안 잠깐 유익할 수는 있으나 그 길은 영원한 것도 아니며, 천국 가는 길도 아닙니다.

그런데 천국 가는 길이 있습니다.

세상(선악과 사건이 터진 동네=죄, 마귀, 죽음문제를 비롯한 인생의 모든 문제의 늪에 빠져 세상 땅바닥의 길이나 세상 사상, 세상 종교라는 길을, 율법을 따라가다가 지옥으로 가기 위해 대기하는 장소)에서 벗어나 임마누엘 동산으로 들어와 지금부터 영원히 천국을 누릴 수 있는 길이 있습니다.

그 길의 이름이 '예수'입니다. 예수가 천국 가는 길(천국로, 天國路) 그 자체입니다(요 14:6). 천국로(길)가 되어 주시기 위해 엄청난 도로 공사를 하신 증거가 있습니다. 그게 십자가 사건(예수님께서 살을 찢고 피를 흘리시기까지 하여 천국 가는 길을 열어주신 사건)입니다. 예수님께서 그렇게 해주셨으니 그분이 우리에게 있어서 구세주(메시아=그리스도)가 아니고 무엇이겠습니까. 그렇습니다. 예수가 그리스도(천국 가는 길 그 자체요, 천국의 주인 그 자체)입니다.

"예수가 그리스도라는 것을 믿고 영접하라"는 말씀에 순종하면 천국행 버스에 올라 천국 길을 따라가게 됩니다. 천국 길을 가면서 그 길을 달리게 해주신 하나님을 노래(찬양)하며 저 땅바닥(세상=선악과 사건이 터진 동네)에서 세상길과 세상 사상이나 율법의 길을 따라 가는 사람들을 향해 "그런 길을 따라 가봤자 고생만 하다가 죽는 길이니 이 길(예수)을 따라 가야 됩니다!"라고 외치면 상급까지 받게 됩니다(계 22:12).

천국 가는 길이 많은 것이 아니라 오직 하나입니다. 그러기에 좁은 길입니다. 좁은 길을 걸으며 밤낮(24시간) 기뻐하는 것은 주의 영(성령)이 함께 하기 때문입니다(찬 191장). 천국 가는 길은 오직 예수가 그리스도라는 것을 믿고 영접하는 방법밖에는 없다는 것을 알고 그 말씀대로 하여 지금부터 영원히 그 어디서나 하늘나라(밤낮 기뻐하며 사는 것)를 누리기 바랍니다.

세상의 땅바닥의 길만 길이라 생각하지 말고 예수가 그리스도(천국 가는 길 그 자체)라는 것을 알기 바랍니다. 이 길이 진짜 길입니다. 서울 가는 길, 부산 가는 길, 제주도 올레 길과는 비교할 수 없는 진짜 참 길입니다. 내 영혼이 사는 길이요, 내 영혼이 천국을 누리는 참으로 어마어마한 길입니다. 샬롬!

50

이제 만나러 갑니다

채널 A TV '이만갑(이제 만나러 갑니다)'에서 두만강을 건너 탈북한 여성들이 고향 얘기를 하며 '두만강 푸른 물에 노 젓는 뱃사공'이 라는 노래를 부르다가 방송 중에 울음바다가 돼버렸습니다. 두만 강을 건널 때는 목숨을 걸어야 했기에, 두만강을 건너다가 총에 맞아 죽은 사람들, 물에 떠내려가 죽은 사람들이 많은데 자기들은 그렇게 살아서 방송에 나와 고향 얘기를 하며 '두만강 푸른 물에 노 젓는 뱃사공'이라는 노래까지 부르고 있다는 사실 앞에, 몇 년 전에 그렇게 목숨 걸고 출북(출애굽)했던 생각에 모두가 다 눈물을 흘리고 말았습니다.

이 프로그램의 MC인 남희석 씨도 울고, 시청자들도 많이 울었 을 것입니다. 나도 울었습니다. '그들의 탈출과정이 얼마나 힘들 었을까?'라는 생각도 들었지만, 내 영혼이 출애굽(출세상)되었다는 사실 앞에 너무나 감사해서 뜨거운 눈물이 흘러 내렸습니다. 나 를 이렇게 출세상(선악과 사건이 터진 동네의 나를 임마누엘 동산으로 옮겨 주심)시켜 주신 하나님아버지(성부)께 어찌 감사하지 않을 수 있겠습니까.

내가 출북한 여성들처럼 출세상하기 위해 목숨을 걸어야 했는데 예수님(성자)께서 내 대신 목숨을 걸고(십자가 사건) 나를 구원해 주셨으니 어찌 그분께 감사하지 않을 수 있겠습니까? 이런 영적인 내용을 깨닫게 해주시고 출세상 된 사람답게 살게 해주신 (성령)하나님께 어찌 감사하지 않을 수 있겠습니까? 성부, 성자, 성령, 삼위일체 하나님께 감사와 찬송을 올려 드릴 수밖에 없는 것입니다. 목숨 걸고 두만강을 건너 출북한 여성들의 얘기를 듣고 우는 모습을 보면서 하나님의 사랑에 너무나 감사해서 뜨거운 눈물을 흘리다가 이렇게 글을 적게 된 것입니다.

옛날에 흑인 노예들이 노예 부모에게서 태어나면 자동으로 노예가 되어 일평생 고달픈 노예로 살았던 것처럼, 이 거대한 세상(선악과 사건이 터진 동네)에 태어나는 모든 사람들도 자동으로 마귀라는 이 세상의 왕 밑에서 노예생활(죄, 죽음문제를 비롯한 인생의 이런저런 모든 문제들에게 사로잡혀 그런 문제들 때문에 염려하고 속상해하며, 원망, 불평, 신경질, 짜증나는 지옥 같은 삶을 살다가 지옥으로 가기 위해 대기하고 있는 삶)을 하다가 지옥으로 갑니다.

인간들이 이렇게 된 것이 선악과 사건(마귀에 의한 인간의 오리지널 죄, 창 3:1-6)) 때문입니다. 선악과 사건(죄)으로 인해 그런 삶을 살다가 죽어 지옥으로 갈 수밖에 없는 우리가 임마누엘 동산으로 건져졌으니 어찌 감사하지 않을 수 있겠습니까. 우리가 무엇을 어떻게 해서, 즉 도덕이나 율법대로 해서, 말과 뜻과 행실을 깨끗하고 착하게 해서, 고행을 비롯한 각종 종교행위를 해서 그렇게 된 것이 아니라 예수님께서 그렇게 해주신 것입니다. 그렇게 해주신 증거가 있습니다. 그게 십자가 사건입니다.

그러기에 예수가 그리스도(구세주=메시아)라는 것을 안 믿을 수 없습니다. 하나님께서는 우리들에게 예수가 그리스도라는 것을 믿고 영접하라고 하셨습니다(요 1:12). 그리하면 선악과 사건이 터진 동네(세상)에서 임마누엘 동산으로 건져진다고, 마귀의 자녀가 아닌 하나님의 자녀가 된다고, 지옥 갈 백성이 아닌 천국백성이 된다고, 세상의 왕 노릇하고 있는 마귀 밑에서 종살이(죄, 죽음문제를 비롯한 인생의 이런저런 모든 문제들에게 사로잡혀 그런 문제들 때문에 염려하고 속상해하며, 원망, 불평, 신경질, 짜증나는 지옥 같은 삶을 살다가 지옥으로 가기 위해 대기하고 있는 삶) 하던 우리가 왕 같은 제사장이 되어 그것들을 정복하고 다스리게 된다고, 그것들 밑에 밟히고 살았던 우리가 그것들을 밟고 살게 된다고 하셨습니다.

"예수가 그리스도라는 것을 믿고 영접하라"는 말씀에 순종하면 그렇게 됩니다. 그러기에 더 이상 문제 될 것도 없고, 더 이상 부족함이 없는, 그야말로 룰루랄라의 인생을, 그 어디서나 하늘나라를 누리게 된 것입니다(찬 438장). 이 세상에 발을 딛고 있는 이 몸은 썩어 없어질 순간을 기다리며 그 때까지 주어진 시간, 주어진 물질을 사람 살리는 일에 쓰게 됩니다(사람 낚는 어부의 삶을 살게 됩니다).

그리하면 상급까지 받게 됩니다(계 22:12). 참으로 엄청난 복된 인생이 된 것입니다.

이런 엄청난 복을 누리고 살게 되었으니 어찌 감사하지 않을 수 있겠습니까? 출북한 여성들도 어려운 북한 생활에서 벗어난 것에 대해 얘기하며 '두만강 푸른 물에 노 젓는 뱃사공'이라는 노래를 부르면서 감격하고 우는데 출세상한 우리들이 그런 뜨거운 감격이 없어서야 되겠습니까? 영혼 깊숙한 곳에서 그분을 향한 감사와 찬송이 올라올 수밖에 없는 것입니다. "예수가 나의 그리스도!~ 예수가 나의 그리스도!~"라고 노래할 수밖에 없는 것입니다 (찬송가 288장에 이 가사를 붙여 불러보기 바랍니다).

텔레비전 앞에서 출북한 여성들의 얘기만 듣고 감격하지 말고 하나님 앞에서 출애굽(출세상)한 자기 자신을 바라보고 그렇게 해주신 그분께 감사하고 찬송해야 합니다. 출세상 되었다면 출세상된 사람답게 그 어디서나 하늘나라를 누리고 살기 바랍니다.

절대로 모세 시대 때 이스라엘 백성들처럼 다시 애굽으로(세상으로), 바로 왕에게로(마귀에게로) 돌아가려고 해서는 안 됩니다. 그것은 예수님의 십자가 사건(피)을 헛된 사건을 만들어버리는 큰 죄를 짓는 것이나 마찬가지입니다. 예수님께서 다시 오시는 그날까지 "예수가 그리스도라는 것을 믿으라"는 말씀에 순종하여 출세상 된 사람답게 자유하게, 기쁘게, 감사 찬송하며 살기바랍니다. 이것이 우리를 향한 하나님아버지의 마음(뜻)입니다(살전 5:16-18).
샬롬!

이 책을 읽고 난 후
느낀 점 / 고쳐야 할 부분 / 전하고 싶은 글!
주님께 드리고 싶은 감사를 적읍시다.

왜 울어? 난 괜찮아!

이동성 목사

사랑하는 사람을 먼저 보내면서
아파하고 울고 있는 이들에게
'난 괜찮아, 우리도 괜찮아'라는
고백이 되길 바라며 아들의 병상에서 체험한
하나님의 은혜를 함께 나눕니다.

두 자녀를 잘키운
삼숙씨의 이야기

정삼숙 사모

미국의 예일, 줄리어드, 노스웨스턴,이스트만,
브룩힐, 한예종, 예원중에서 수석도 하고 장학금과 지원금으로
그동안 10억여 원을 받으며 공부하는 두 아이지만,
그녀는 성품교육을 더 중요시했다.

전도2관왕
할머니의 전도법

박순자 권사

1년에 젊은이 100여 명을 교회로 인도한
60대 할머니의 전도법과 주님께 받은 축복들!

이너힐링

우광성 목사

온갖 상처와 아픔에 노출되어 온 우리 삶의
모든 부정적인 모습들이, 단순한 치유를 넘어
주님 안에서 진정한 자유, 보람, 더 할 나위없는 만족,
그리고 대 감사에 이르게하는 성숙한 삶으로의 초대!

30가지 주제 / 30일간 기도서!

무릎기도문

주님께 기도하고 / 기다리면 응답됩니다

1

자녀를 위한
무릎 기도문

2

가족을 위한
무릎 기도문

3

태아를 위한
무릎 기도문

4

아가를 위한
무릎 기도문

5

십대의
무릎 기도문

6

십대자녀를 위한
무릎 기도문

7

재난재해안전
무릎 기도문
〈자녀용〉

8

재난재해안전
무릎 기도문
〈부모용〉

9

남편을 위한
무릎 기도문

10

아내를 위한
무릎 기도문

11

워킹맘의
무릎 기도문

12

손자/손녀를 위한
무릎 기도문

A1

태신자를 위한
무릎 기도문

A2

새신자
무릎 기도문

A3

교회학교 교사
무릎 기도문

A4

선포(명령)
기도문

망망한 바다 한가운데서 배 한 척이 침몰하게 되었습니다.
모두들 구명보트에 옮겨 탔지만 한 사람이 보이지 않았습니다.
절박한 표정으로 안절부절 못하던 성난 무리 앞에 급히 달려 나온 그 선원이
꼭 쥐고 있던 손바닥을 펴 보이며 말했습니다.
"모두들 나침반을 잊고 나왔기에… "
분명, 나침반이 없었다면 그들은 끝없이 바다 위를 표류할 수 밖에 없을 것입니다.

우리는 삶의 바다를 항해하는 모든 이들을 위하여
그 나침반의 역할을 하고 싶습니다.
우리를 구원하신 위대한 주 예수 그리스도를 널리 전하고 싶습니다.

"하나님은 모든 사람이 구원을 받으며
진리를 아는 데에 이르기를 원하시느니라"
(디모데전서 2장 4절)

복음은 쉽고 능력은 크다

지은이 | 정원기 목사
발행인 | 김용호
발행처 | 나침반출판사

제1판 발행 | 2019년 9월 5일

등 록 | 1980년 3월 18일 / 제 2-32호
본 사 | 07547 서울특별시 강서구 양천로 583
       블루나인 비즈니스센터 B동 1607호
전 화 | 본사 (02) 2279-6321 / 영업부 (031) 932-3205
팩 스 | 본사 (02) 2275-6003 / 영업부 (031) 932-3207
홈 피 | www.nabook.net
이 멜 | nabook@korea.com / nabook@nabook.net
일러스트 제공 | 게티이미지뱅크

ISBN 978-89-318-1581-8
책번호 나-1033

값은 뒷표지에 있습니다.